作者简介

刘穷志，生于1965年5月，汉族，湖北省浠水县人，无党派，经济学博士、教授、博士生导师，供职于武汉大学经济与管理学院。

1989年6月毕业于湖北大学经济管理专业。1994年9月至1997年6月，在武汉大学经济学院学习，获得经济学硕士学位，毕业后留校任教。1999年晋升为讲师。2001年9月至2004年6月，在武汉大学商学院学习，获得经济学博士学位。2004年晋升为副教授，2009年晋升为教授。2005年5月至今任武汉大学经济与管理学院财政税务系副系主任。

主要研究领域：财政税收制度政策实证分析、收入不平等与财政再分配。已出版学术专著1部。在《经济研究》、《管理世界》、《经济学季刊》、《世界经济》、《数量经济技术经济研究》、《财贸经济》、《财政研究》以及 *China Economist* 等杂志发表论文多篇。主持国家自然科学基金课题2项（批准号：70973091；71273199），主持教育部人文社会科学规划基金课题1项（批准号：07JA790064）。2011年获湖北省第七届社会科学优秀成果奖二等奖。

经 济 学 论 丛

国家自然科学基金项目（批准号：70973091）成果
武汉大学"985建设项目"和"211建设项目"资助

居民收入不平等与财政归宿效应：评估技术及应用

刘穷志　著

武汉大学出版社

图书在版编目(CIP)数据

居民收入不平等与财政归宿效应:评估技术及应用/刘穷志著.—武汉:武汉大学出版社,2012.12
(经济学论丛)
ISBN 978-7-307-10225-5

Ⅰ.居… Ⅱ.刘… Ⅲ.居民收入—公平分配—分配理论—研究—中国 Ⅳ.F126.2

中国版本图书馆 CIP 数据核字(2012)第 244693 号

责任编辑:陈 红　　责任校对:黄添生　　版式设计:詹锦玲

出版发行:武汉大学出版社　　(430072 武昌 珞珈山)
　　　　　(电子邮件:cbs22@whu.edu.cn　网址:www.wdp.com.cn)
印刷:湖北恒泰印务有限公司
开本:720×1000　1/16　印张:8.5　字数:119 千字　插页:2
版次:2012 年 12 月第 1 版　　2012 年 12 月第 1 次印刷
ISBN 978-7-307-10225-5/F・1721　　定价:20.00 元

版权所有,不得翻印;凡购我社的图书,如有质量问题,请与当地图书销售部门联系调换。

前　言

中国居民收入不平等已是不争的事实，据估计，中国目前的基尼系数已接近甚至超过0.5，按世界银行的定义，即将进入或已经进入收入差距悬殊国家的行列。面对如此严峻的形势，作为再分配手段的财政，其支出（利益）和税收（负担）归宿于居民的程度如何？这些归宿于居民的财政资源是否收到了再分配的效果？采用什么样的评估技术评估归宿程度及再分配效果呢？

本书按照主流财政学的收支分类和现行财政分权体制，从理论和实践的六个方面回答了上面的问题。

对于购买性支出归宿及其再分配效应，我们在家庭数据缺乏的情况下，通过转换变量，构建了可利用中观数据进行分析的公共服务归宿评测模型。利用省际面板数据进行实证分析，我们发现：文教科卫和社会救济更多地惠及了贫困人口，但社会保障则供应不足；贫困人口较多地得到了见效快的经济服务，但着眼于长远利益的经济服务相对较少。造成购买性支出归宿差异的原因主要有经济实力、经济缺陷、公民偏好显示以及政府财政转移支付体制。我们建议：扩大对贫困人口的社会保障服务，保持对贫困人口的工农业服务，加强对贫困人口所在地区的基础设施建设、交通设施建设和流通设施建设，提升贫困人口的经济实力、减少乃至消除经济缺陷、保障偏好显示机制畅通并且加大转移支付力度。

对于转移支付归宿及其再分配效应，我们评估了给予农村贫困家庭的政府援助的民生效果。通过构建二重差分法，并运用家庭调查数据进行分析，我们发现，短期的收入增长大部分被储蓄起来，长期来看，只有适度的消费增长；教育程度较高的贫困人口受政府援助的负面影响较小，民生状态较好；政府援助的溢出效应不大。

我们建议：必须纠正扶贫过程中加大援助力度就能改善民生的幼稚想法，确定援助的最优规模；优化援助结构，加大对农村教育的投入，并提高援助的整体效率；重点援助家庭畜牧业。

对于直接税归宿及其再分配效应，我们构建了一个理论框架，提出了四个税收再分配与收入不平等相关关系的假说。使用中国省级数据，我们验证了这些假说：弱的税收再分配增加了可观测收入不平等，并且该效应受民主政治环境影响；税收再分配对于可观测收入不平等与实际收入不平等的效应是不同的，而且两效应的差别与逃税行为的范围正相关。我们建议：加大对富人个人所得税的征管；加强民主制度建设，尊重与倾听贫困者的声音，减少对中低收入者的税负；健全法制，打击逃税行为，迫使逃税者报告真实收入，促进各阶层公平负担税收。

对于间接税归宿及其再分配效应，我们构建了间接税归宿的累退性与居民收入不平等关联的理论模型。运用中国的数据，估算累退性指标，并描绘洛伦兹曲线，我们发现，中国间接税具有累退性，并且增值税和消费税的累退性较强，营业税累退性稍弱，它们不同程度地恶化了居民收入不平等。我们建议：对穷人消费的商品要较多地使用 13% 的增值税税率，对富人消费的商品要多使用 17% 的增值税税率；提高高档商品和奢侈品的税率，适当降低一般人消费的涉税商品的税率，加大对高档商品和奢侈品消费税的征收力度；适当降低基本公共服务（如基础教育、基本医疗）营业税税率，提高对富人征收的营业税税率（如娱乐活动），当前要加大对房地产营业税的征收力度。

对于税收-支出系统归宿及其再分配效应，我们构建了收入不平等、政策瞄准偏差与最优税收-支出再分配关系模型。通过设计实证指标，利用中国的数据进行分析，我们发现，居民收入不平等不断恶化，并且针对不平等恶化的财政再分配政策效果甚弱；税收再分配政策偏向富人，使富人的税负相对轻于穷人；偏向于穷人的转移支付再分配政策在一定程度上减少了不平等，但是收效甚微。我们建议：政策瞄准偏差必须得到纠正，应加大对富人的征税力度和对穷人的转移支付力度。

对于分权财政体制下的财政归宿及其再分配效应，我们构建了人口不完全流动条件下多级财政再分配职能分解的理论模型。通过构建多层线性模型以及非参数残差 Bootstrap 多层模型进行实证分析，我们发现，中国地方财政对收入不平等承担主要责任，地方财政再分配功能解释了收入不平等的 70% 多，中央财政再分配对收入不平等的解释力不到 30%；地方财政中的个人所得税在一定程度上平抑了收入不平等，但是不十分显著，而地方财政的转移支付不仅没能平抑收入不平等，反而扩大了收入不平等；中央财政转移支付弥补了地方财政转移支付的缺陷，平抑了收入不平等，但是效果并不明显。我们建议：确立地方财政再分配在平抑收入不平等中的主体地位，加强个人所得税征收，对贫困人口给予更多的转移支付，相对减少对富裕人口的转移支付；以中央政府再分配为补充，加大对贫困地区的转移支付。

本书的突出特点是，数理模型构成财政归宿效应评估的理论基础，模型稳健、适用与简洁；大样本数据分析为实证研究的主体，特别是官方宏观数据的整理和微观家庭数据的采集与使用；专用软件和专用程序的使用作为分析手段，包括 STATA 软件和 SPSS 软件的专门程序或模块，还包括 DAD 软件和 HLM 软件；研究结论与政策建议具有可操作性。

本书为作者主持的国家自然科学基金项目"居民收入不平等与财政归宿效应：评估技术及应用"（批准号：70973091）的成果，也得到了武汉大学"985 建设项目"和"211 建设项目"资助。今天交付出版，主要是与相关理论研究者和政策制定者交流与切磋，以期推动理论研究和改进现实政策。当然，由于作者水平有限，书中不足之处在所难免，恳请广大读者赐教。

刘穷志

2012 年 9 月于武昌珞珈山

目 录

第一章 导论 ·· 1
  一、研究意义 ·· 1
  二、研究现状及趋势 ·· 3
  三、研究框架、内容与方法 ·· 6
  四、创新之处与研究特色 ··· 8

第二章 购买性支出归宿数量差异及其原因 ····················· 15
  一、引言 ·· 15
  二、模型设定 ··· 17
  三、制度背景与变量选取 ·· 18
  四、实证结果 ··· 21
  五、结语 ·· 26

第三章 财政援助性支出与农村贫困家庭的民生 ············· 30
  一、引言 ·· 30
  二、民生援助制度与关注的变量 ···································· 31
  三、研究方法设计 ·· 33
  四、实证结果 ··· 36
  五、溢出效应的影响 ·· 51
  六、结语 ·· 53

第四章 收入不平等与个人所得税再分配 ························· 56
  一、引言 ·· 56
  二、理论框架 ··· 57

三、数据描述 …………………………………………… 61
　　四、经验模型与实证结果 ………………………………… 64
　　五、结语 ………………………………………………… 75

第五章　间接税归宿的累退性与居民收入不平等 ………… 80
　　一、引言 ………………………………………………… 80
　　二、理论模型 …………………………………………… 82
　　三、实证方法设计与变量选取 ………………………… 83
　　四、实证结果 …………………………………………… 87
　　五、结语 ………………………………………………… 91

第六章　收入不平等、政策瞄准偏差与最优税收——转移支付系统 ………………………………………………… 95
　　一、引言 ………………………………………………… 95
　　二、理论模型 …………………………………………… 96
　　三、数据模拟 …………………………………………… 101
　　四、结语 ………………………………………………… 109

第七章　收入不平等与再分配职能在中央财政与地方财政之间分解 …………………………………………………… 111
　　一、引言 ………………………………………………… 111
　　二、理论模型 …………………………………………… 113
　　三、实证分析 …………………………………………… 116
　　四、结语 ………………………………………………… 122

后　记 ………………………………………………………… 126

第一章 导 论

一、研究意义

　　财政归宿是指财政资源在社会成员中的归属，它包括支出（利益）归宿和税收（负担）归宿，它对居民收入不平等具有收入再分配效应。本书内容主要包括三个方面：一是归宿数量差异研究，重点研究财政购买性支出和间接税在不同收入群体中的归宿数量差异（转移支付和直接税归宿数量在家庭数据中有反映）；二是归宿效应研究，不同收入群体面对四类财政资源（购买性支出、转移性支出、直接税和间接税）归宿产生的行为反应不同、再分配效应各异；三是微观财政归宿与宏观财政再分配政策的数量关系研究，该研究使政府决策机构能够依据微观归宿效应调整宏观财政再分配政策。本书主旨是研究财政的收入再分配功能，研究重点是评估技术，基础数据是中国微观家庭（个人）数据（少部分数据为中观数据和宏观数据），研究视角为微观领域。

　　自20世纪90年代以来，中国居民收入差距不断扩大，21世纪初就已经越过收入差距警戒线（基尼系数为0.4），目前中国基尼系数已接近0.5，进入收入差距较大国家行列（0.4~0.5），并向收入差距悬殊国家行列逼近。财政的主要功能之一就是收入再分配，财政再分配政策的任务就是让人们共享改革与发展的果实，沐浴公共财政的阳光，促进社会和谐。从2009年年初结束的全国财政工作会议来看，中国财政为此付出了极大的努力，2008年财政收入预计突破6万亿元，其中，个人所得税继续保持较快增长，1~11月份为3 450.55亿元，增长率为18.5%（增长率超过了国内增值税、营业税和消费税的增长率)。在支出方面,2008年全国财政安排地震灾后恢复重建资金700亿元,中央财政用于"三农"的支出达5 955.5亿元,中央财政医疗卫生支出预计达833.6亿元。2009年,财政工作的两大目标之一就是调整国民收入分配格局。但是,政策制定者如何评价已经执行的和正在执行的财政再分配政策的微观效果呢?如何保障将要执行的财政再分配政策的微观效果是良好的呢?

20世纪70年代,财政学将经济分析置于议事日程,将收入再分配从理论和经验两个方面纳入公共政策研究中,这是一个巨大的进步。现在所需要的是将收入再分配的分析拓展到更具影响的问题的研究上来,财政学已向前迈出了关键步伐,它超越了传统福利经济学,研究有限信息基础上政策的局限;它将公共品的提供既看做政策过程也看做预算过程。政策研究的理论视角发生了变化,相应的评估政策的技术工具也应该发生变化。这是国民经济和社会发展需要解决的关键问题。

近年来,用于评估财政归宿效应的技术工具已经取得了许多进步,出现了许多技术方法,而且现有的技术方法也在不断改进,但是,仍然需要更多更稳健的技术方法,这些技术方法包括在抑制居民收入不平等过程中对不同的方案进行更好的定量抉择时所应用的方法,它们使得政策制定者能够明确地看到他们作出的政策选择是否促进了社会公平与和谐。评估工具的特性依赖于工具应用的严格性,工具的应用依赖于工具的特性。分析财政归宿对居民收入不平等的影响要求这些影响与家庭调查中观察到的每个家庭的收入和支出联系在一起,这就要求评估技术更多地使用家庭调查数据,这将是本书研究所得到的最重要的经验。

本书研究也为更具发展前景的必要研究指出了方向。首先,需要发展更具经验的调查,并且获得对公共投资环境、个人偏好、政治变革更好的分析性理解。我们希望使用微观家庭的数据进行更多的研究,为未来的研究提供可获得更多成果的方向。其次,本书的研究表明需要更多的研究工作来促进宏观经济政策和通过家庭调查获得的家庭行为模型的结合。这样的结合显然是研究重要政策——

如税收和公共支出的许多方面——的分配归宿和宏观效果以及评估主要的结构变革的关键。本书不是研究工作的结束，革新性的研究可以让分析人员更深入地分析，也可以解决本书提出的问题。但是，本书是我们努力提供匹配政策制定者面对的发展挑战的经验工具，是满足他们评估复杂的财政再分配政策的需要的过程中的里程碑。

二、研究现状及趋势

近年来，财政归宿如何影响居民收入不平等已经成为国内外政策规划方法的主要关注内容，但这之前对这种影响的评估是零星而不系统的，也没有把这个问题当做讨论的中心。其原因是，评估财政归宿对不同社会群体和对不同家庭的影响及其综合影响受到两方面的限制：一是直到近年减少贫困才被列入评估的标准中；二是技术限制，即这些技术很难得到，或者理论上不能令人满意，或者因数据缺乏而难以应用。问题的关键是，居民收入不平等在本质上是个人特征，必须在微观水平上进行分析。这样的分析传统存在于关于归宿分析的公共财政文献中，归宿分析的目标是评估税收体系和支出体系对于家庭或个人的影响，然而，微观定位很难与宏观经济政策和结构改革直接地联系在一起。以下是分类研究文献述评。

(1) 购买性支出在贫富居民之间的归宿数量差异及收入再分配效应评估技术与应用的研究进展。在国外，Stigler(1970)首次指出，中高收入集团是购买性支出的主要受益者，低收入者从中收益甚微，对此，Grand(1982)予以支持，但是，Van de Walle 和 Nead(1995)、Jimenez(1995)对此持反对意见，Pradhan(1996)则不置可否。Brown 和 Jackson(1990)、Basley 和 Kanbur(1993)认为，出现这种矛盾局面的原因是购买性支出归宿难以衡量，影响因素多，信息搜集困难。Ravallion(1999)、Ravallion(2000)、Galasso 和 Ravallion(2005)以及 Van de Walle(2005)试图采用目标分解方法取得突破，但仍然难以取得确切的结论。在国内，沈跃骅(1992)最早引入了支出归宿概念,王俊和昌忠泽(2007)将社会普遍服务体系划分为人文普遍服务(社会性支出)和产业普遍服务(经济性支出)两类。王志涛(2007)就支出归宿的最新研究进展进行了述评。蒋洪、马国贤和赵海利(2002)对高等教育支出归宿进行了调研,刘穷志(2007)和孙立、刘穷志(2008)对购买性支出归宿进行了计量估计。国内外购买性支出归宿研究文献存在明显的研究缺陷:在理论分析方面,没有全面考虑影响购买性支出归宿的因素;在实证分析方面,缺乏前沿与稳健的评估技术;在数据方面,缺乏中观数据和微观数据。

(2)转移支付归宿与贫困减少效应评估技术及应用的研究进展。Darity 和 Myers(1987)、Emmanuel Skoufias 和 Vincenzo di Maro(2006)都认为,转移支付不仅没能使穷人脱离贫困,反而使穷人深陷贫困中。对此,Ardington,Case 和 Hosegood(2007)持不同意见。Rawlings 和 Rubio(2003)则不置可否。不过,他们都认为转移支付的减贫效应与穷人的经济行为有关。Ravallion 和 Chen(2005)、Chen,Mu 和 Ravallion(2006)、Hoynes 和 Schanzenbach(2007)、Ravallion(2008)以及都阳、Park(2007)运用 DD 技术和 PSM 技术取得了一些研究进展。当前有待深入研究的主要问题是如何消除统计误差(Heckman 等,1997;Hahn,1998;Angrist 和 Hahn,2004;Smith 和 Todd,2005)

(3)居民收入不平等及直接税归宿效应评估技术与应用的研究进展。在国外,Allingham 和 Sandmo(1972)发现,逃税侵蚀了直接税的再分配功能。Gravelle(1992)和 Martinez-Vazquez(2008)使用微观模拟和一般均衡模型研究了逃税情况下个人所得税再分配与收入不平等之间的关系。在国内,刘穷志(2003)、胡汉军、刘穷志(2009)和刘穷志(2011a)基于中国日益扩大的居民收入不平等现状,研究了中国个人所得税的再分配功能。研究的不足之处是,宏观分析受到限制,即在异质性存在的前提下难以观测个人的反应,或者不能直接估计逃税对于收入不平等的效应。

(4)间接税归宿数量差异及收入再分配效应评估技术与应用的

研究进展。在国外，Ahmad 和 Stern(1984;1991)运用社会福利函数和边际分析方法研究了直接税与间接税的再分配效应，Gibson(1998)讨论了增值税对消费者福利的影响，Davidson 和 Duclos(1997)认定集中曲线的标准差是难以计算的。Chen，Matovu 和 Reinikka(2001)、Sahn 和 Younger(2003)以及 Essama-Nssah(2008)将福利优势概念引入到间接税的归宿效应分析中，试图取得间接税归宿差异及收入分配效应研究的突破。在国内，刘怡和聂海峰(2004)基于 suit 指数的集中曲线，研究了某个省份间接税归宿差异及收入分配效应。当前研究需要突破的是：福利优势曲线标准定义的数学表达、间接税福利差异充要条件的数学表达以及福利优势差距计算公式的确定。

(5)居民收入不平等与"税收-转移支付"政策体系归宿效应评估技术及应用的研究进展。在国外，Fellman(2001)和 Fei(1981)进行了开创性的研究，Fellman，Jäntti 和 Lambert(1996;1999)构建了税收和转移支付各自反不平等程度的测量指数，Zee(2004)在"税收-转移支付"体系中考虑了税收的累进性。在国内，基本上没有人研究过"税收-转移支付"政策体系的归宿效应。当前研究需要突破的是，"联结"最优税收再分配指标与最优转移支付再分配指标，建立现行综合政策的反不平等绩效评估标杆。

(6)联结微观财政归宿效应与宏观财政再分配政策的评估技术及应用的研究进展。联结宏微观的分析技术主要有两个：一是社会核算矩阵(SAM)(王其文、李善同，2008)，二是可计算的一般均衡模型(CGE)(李洪心，2008)。这两种方法均有较大的不足之处，前者涉及长期与动态过程，后者没有考虑真实家庭的信息(布吉尼翁·达席尔瓦，2007)。目前，一种联结宏观经济与微观经济的新颖方法是多层统计分析模型(Multilevel Model)(Raudenbush 和 Bryk，2002;王济川、谢海义、姜宝法，2008)。需要深入研究的是：构建适宜于中国财政分权体制的联结宏微观的财政归宿再分配效应的多层统计分析模型。

三、研究框架、内容与方法

(一)研究框架(见图1.1)

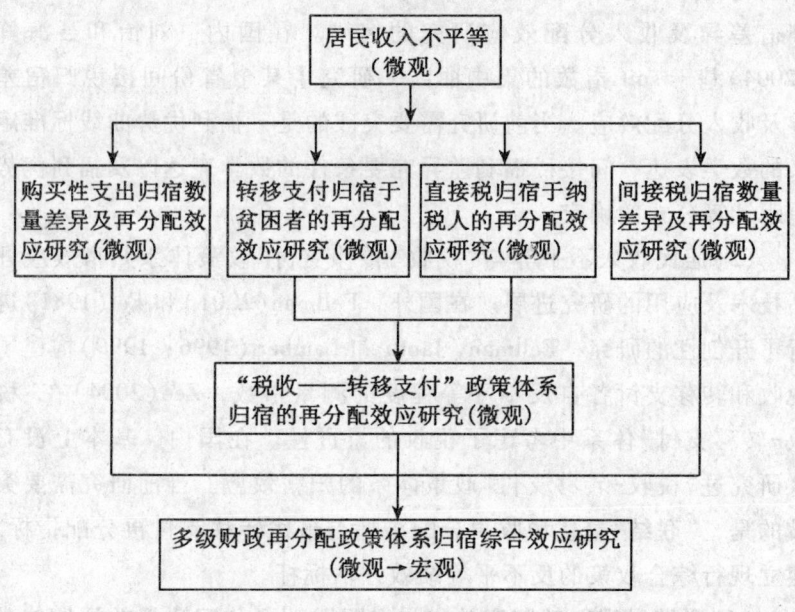

图1.1 研究框架

(二)研究内容与方法

1. 购买性支出在贫富居民之间归宿数量差异及收入再分配效应研究

研究内容:评估购买性财政支出在贫富居民之间的分配份额,探究公共财政的阳光是否覆盖到中国所有居民,是均匀覆盖还是厚此薄彼;评估差别性公共支出给不同收入群体带来的收入效应。

研究方法:针对购买性支出的家庭归宿隐性,我们构建了购买性支出归宿数量差异的评估模型和差别性公共支出对居民收入不平等的激励模型,分析中国购买性支出制度并选取变量;收集整理变量的面板数据并进行实证分析。

2. 转移支付归宿于贫困者的再分配效应研究

研究内容:一是评估转移支付对贫困家庭减贫的激励效果即对家庭收入的影响;二是研究产生减贫效果的原因,即转移支付激励引起的家庭经济行为变化,包括劳动供给变化、投资变化和消费变化等。

研究方法:针对转移支付的家庭归宿显性,我们只需重点研究转移支付对于贫困居民的收入再分配效应。我们利用稳健的 PSM 评估技术,实证分析中国转移支付导致的贫困家庭经济行为变化,并评估这些经济行为变化导致的家庭收入变化。

3. 居民收入不平等及直接税归宿效应评估技术与应用研究进展

研究内容:探讨再分配影响可观测收入不平等的效应与影响真实收入不平等的效应有何不同,两效应的差距随着逃税程度和对税收的敏感性而发生变化。检验另外两个假说:其一是增长与收入不平等之间的倒 U 关系,即 Kuznets 假说(Kuznets,1955)。其二是民主制度环境与收入不平等负相关,该假说源于中间投票人理论。

研究方法:构建理论模型,分析个人所得税对可观测收入和真实收入的分配效应;使用总收入、净收入和消费的基尼系数,构建面板数据实证模型,验证理论命题。

4. 间接税归宿的数量差异及收入再分配效应研究

研究内容:计算出间接税(增值税、消费税和营业税)在不同收入的纳税人群体中的归宿的数量差异,比较这些差异性间接税给居民收入不平等带来的再分配效应。

研究方法:针对间接税家庭归宿的隐性,我们给出间接税归宿的评估方法,给出标准优势曲线定义的数学表达,推导出间接税 2 的福利优于间接税 1 的充要条件,给出福利优势差距的数学定义。估算间接税在中国不同收入的纳税人群体中的归宿数量份额,评估这些差异性份额的再分配效应。

5."税收——转移支付"再分配政策系统的归宿效应研究

研究内容:构建"税收——转移支付"政策系统归宿的收入再分配效应的评估技术,评估中国"税收——转移支付"政策体系对于居民收入不平等的收入再分配绩效。

研究方法:分别构建针对居民收入不平等的"税收——转移支付"政策体系归宿绩效的理想值、比率和实际值的评估指标,实证评估与比较中国"税收——转移支付"政策体系的归宿绩效,提出建设减少居民收入不平等的最优"税收——转移支付"体系的政策建议。

6. 多级财政再分配政策体系的归宿综合效应研究

研究内容:评估财政分权下多级财政归宿的纵向与横向再分配效应,评估中国分级财政体制下财政归宿的总效应,使微观效应与宏观政策联结起来,以便宏观再分配政策决策者能够依据微观财政归宿效应来调控财政再分配政策。

研究方法:设计多级财政体制下财政归宿再分配效应评估的多层统计模型,运用中国多级财政数据和家庭数据,评估财政归宿对居民收入不平等的纵向效应、横向效应以及总体效应。

四、创新之处与研究特色

1. 创新之处

(1)研究内容创新。全面研究财政归宿及其收入再分配效应,这是国际热点与难点问题,国内研究甚少(更谈不上系统研究)。我们在国内外文献的基础上,推进基础理论研究,完善前沿评估技术。

(2)研究方法创新。本书研究注重评估技术的前沿与稳健,涉及多种技术的引进、吸收与融合,包括面板数据模型、匹配模型、最优化技术、多层统计分析模型以及半参数和非参数统计等技术方法。

(3)研究视角创新。本书的研究视角为微观分析,宏观政策部分也是将宏观与微观联结在一起,一反财政研究为宏观研究的常态,较好地检验了宏观财政政策在微观领域的落实情况。

2. 研究特色

(1)数学模型的推导与应用。本书的评估技术研究均由数学模型构成,它是财政归宿效应评估的理论基础。所有数学模型均在前人研究成果的基础上结合中国社会经济环境假定,推导而成。模型力求稳健、适用与简洁。

(2)大量数据的收集与整理。本书需要多类统计数据,大多要求是大样本数据,用数据说话是本书的一大特色。本书特别注重微观家庭数据的采集与使用,这在我国财政研究中并不多见。

(3)专用软件和专用程序的使用。本书不仅涉及学术界流行的高级别版本的 STATA 软件和 SPSS 软件的专门程序或模块,还涉及许多专门软件,包括 DAD 软件和 HLM 软件。这些程序和软件的推广为以后的相关研究提供了经验路径。

(4)研究结论与政策建议的具体性。本书利用前沿与稳健的评估技术,使用各类数据,凭借专门的软件和程序,得出了数据化的分析结论,为我国收入公平化与和谐社会建设提出了具体的、能够实际操作的政策建议。

参考文献

[1] 弗郎索瓦·布吉尼翁,路易斯·A.佩雷拉.达席尔瓦.经济政策对贫困和收入分配的影响:评估技术和方法[M].史玲玲,周泳敏,译.北京:中国人民大学出版社,2007.

[2] 都阳,Park, A. 中国的城市贫困:社会救助及其效应[J]. 经济研究,2007(12).

[3] 胡汉军,刘穷志.我国财政政策对于城乡居民收入不平等的再分配效应研究[J].中国软科学,2009(9).

[4] 蒋洪,马国贤,赵海利.公共高等教育利益归宿的分布及成因[J].财经研究,2002(3).

[5] 李洪心.可计算的一般均衡模型——建模与仿真[M].北京:机械工业出版社,2008.

[6] 刘穷志. 单一税可行性分析[J]. 财政研究, 2003(3).

[7] 刘穷志. 公共支出归宿: 中国政府公共服务落实到贫困人口手中了吗[J]. 管理世界, 2007(4).

[8] 刘穷志. 收入不平等与再分配职能在中央财政与地方财政之间分解[J]. 财贸经济, 2011(5).

[9] 刘怡, 聂海峰. 间接税负担对收入分配的影响分析[J]. 经济研究, 2004(5).

[10] 沈跃骅. 财政支出受益的归宿研究[J]. 经济研究参考, 1992(Z7).

[11] 孙立, 刘穷志. 财政购买性支出激励与经济持续增长[J]. 数量经济技术经济研究, 2008(9).

[12] 王济川, 谢海义, 姜宝法. 多层统计分析模型: 方法与应用[M]. 北京: 高等教育出版社, 2008.

[13] 王俊, 昌忠泽. 社会普遍服务的建立——来自中国的经验分析[J]. 经济研究, 2007(12).

[14] 王其文, 李善同. 社会核算矩阵: 原理、方法和应用[M]. 北京: 清华大学出版社, 2008.

[15] 王志涛. 政府公共支出及其受益归宿研究的新进展[J]. 预测, 2007(1).

[16] Ahmad, Ehtisham and Nicholas Stern. The Theory of Reform and Indian Indirect Taxes[J]. *Journal of Public Economics*, 1984, 25, (3): 259-298.

[17] Ahmad, Ehtisham and Nicholas Stern. *The Theory and Practice of Tax Reform in Developing Countries*[M]. Cambridge University Press, 1991.

[18] M. G. Allingham and A. Sandmo, Income Tax Evasion: A Theoretical Analysis[J]. *Journal of Public Economics*, 1972(1): 323-338.

[19] Angrist, Joshua and Jinyong Hahn. When to Control for Covariates? Panel Asymptotics for Estimates of Treatment Effects[J]. *Review of Economics and Statistics*, 2004, 86(1): 58-72.

[20] C. Ardington, A. Case, and V. Hosegood. Labor Supply Response to Large Social Transfer: Longitudinal Evidence from South African [R]. NBER Working Paper, No. 13442, September 2007.

[21] T. Basley, R. Kanbur. Principles of targeting[A]//M. Lipton, Van Der Gaag J. Including the Poor [C]. World Bank, Washington D. C. 1993.

[22] C. V. Brown, P. M. Jackson. *Public Sector Economics* [M]. Basil Blackwell, 1990.

[23] Chen Duanjie, J. M. Matovu and R. Reinikka. A Quest for Revenue and Tax Incidence in Uganda[R]. IMF Working Paper, 2001, wp/01/04.

[24] Chen Shaohua, Ren Mu and Martin Ravallion. Are There Lasting Impacts of Aid to Poor Areas? Evidence from Rural China[R]. World Bank Policy Research Working Paper 4084, 2006.

[25] Darity, William A, Jr. and Myers, Samuel L, Jr., Do Transfer Payments Keep the Poor in Poverty [J]. *American Economic Review*, 1987, 77(2): 216-222.

[26] Davidson, Russell and Jean-Yves Duclos. Statistical Inference for the Measurement of the Incidence of Taxes and Transfers [J]. *Econometrica*, 1997, 65: 1453-1465.

[27] Emmanuel Skoufias and Vincenzo di Maro. Conditional Cash Transfers, Adult Work Incentives, and Poverty[R]. World Bank Policy Research Working Paper 3973, August 2006.

[28] B. Essama-Nssah. Assessing the Redistributive Effect of Fiscal Policy[R]. Policy Research Working Paper 4592, The World Bank, 2008.

[29] J. C. H. Fei. Equity Oriented Fiscal Programs[J]. *Econometrica*, 1981, 49: 869-881.

[30] J. Fellman. Mathematical Properties of Classes of Income Redistributive Policies [J]. *European Journal of Political*

Economy, 2001, 17: 179-197.

[31] J. Fellman, M. Jäntti and P. Lambert Optimal Tax-transfer Systems and Redistributive Policy: The Finnish Experience[R]. Swedish School of Economics and Business Administration Working Papers 324, 1996: 16.

[32] J. Fellman, M. Jäntti and P. Lambert. Optimal tax-transfer systems and redistributive policy[J]. *Scandinavian Journal of Economics*, 1999, 101(1): 115-126.

[33] E. Galasso, M. Ravallion. Decentralized Targeting of an Antipoverty Program [J]. *Journal of Public Economics*, 2005, 89: 705-727.

[34] Gibson, John. Indirect Tax Reform and the Poor in Papua New Guinea[J]. *Pacific Economic Bulletin*, 1998, 13, (2): 29-39.

[35] J. L. Grand. *The Strategy of Equality: Redistribution and the Social Services*[M]. Allen and Unwin, London, 1982.

[36] Gravelle, Jane. Equity Effects of the Tax Reform Act of 1986[J]. *Journal of Economic Perspectives*, 1992, 6(1): 27-44.

[37] Hahn, Jinyong. On the Role of the Propensity Score in Efficient emiparametric Estimation of Average Treatment Effects. [J]. *Econometrica*, 1998, 66: 315-331.

[38] Heckman, James, Jeffrey Smith and N. Clements. Making the Most Out of Programme Evaluations and Social Experiments: Accounting for heterogeneity in Programme Impacts[J]. *Review of Economic Studies*, 1997, 64(4): 487-535.

[39] H. Hoynes and D. Schanzenbach. Consumption Responses to In-kind Transfers: Evidence from the Introduction of the Food Stamp Program[R]. NBER Working Paper 13025, 2007.

[40] E. Jimenez. Human and Physical Infrastructure: Public Investment and Pricing Policy in Developing Countries [J]. *Handbook of Development Economics*, 1995, Vol. Ⅲ, Chapter 43.

[41] Martinez-Vazquez, Jorge. The Impact of Budgets on the Poor: Tax

and Expenditure Benefit Incidence Analysis[A]//Blanca Moreno-Dodson and Quentin Wodon. *Public Finance for Poverty Reduction* [C]. Washington, D. C. : World Bank, 2008.

[42] S. Pradhan. *Evaluating Public Spending: A Framework for Public Expenditure Reviews*[M]. The International Bank for Reconstruction and Development/The World Bank, 1996.

[43] S. W. Raudenbush and A. S. Bryk. *Hierarchical Linear Models: Applications and Data Analysis Methods*(2nd ed.)[M]. Thousand Oaks, CA: Sage, 2002.

[44] M. Ravallion. Are Poor States Worse at Targeting Their Poor[J]. *Economics Letters*, 1999, 65: 373-377.

[45] M. Ravallion. Monitoring Targeting Performance When Decentralized Allocations to the Poor Are Unobserved[J]. *World Bank Review*, 2000, 14(2): 331-345.

[46] M. Ravallion and S. Chen. China's Uneven Progress against Poverty[R]. *Policy Research Working Paper*, No. 3408, World Bank, Washington D. C. 2004.

[47] M. Ravallion and S. Chen. Hidden impact? Household Saving in Response to a Poor-area Development Project[J]. *Journal of Public Economics*, 2005, 89: 2183-2204.

[48] M. Ravallion. Evaluating Anti-Poverty Programs[J]//*Handbook of Development Economics*, 2008, 4: 3787-3846.

[49] L. B. Rawlings and G. M. Rubio. Evaluating the Impact of conditional Cash Transfer Programs [R]. World Bank Policy Research Working Paper 3119, 2003.

[50] D. E. Sahn and S. D. Younger. Estimating the Incidence of Indirect Taxes in Developing Countries[A]//Bourguignon and Silva. *The Impact of Economic Polices on Poverty and Income Distribution: Evaluation Techniques and Tools*[C]. The World Bank, 2003.

[51] Smith, Jeffrey and Petra Todd. Does Matching Overcome LaLonde's Critique of NX Estimators[J]. *Journal of Econometrics*, 2005,

125(1-2): 305-353.

[52] G. J. Stigler. Directors' Law of Public Income Redistribution[J]. *Journal of law and Economics*, 1970, 13: 1-10.

[53] Van De Walle. Do Services and Transfers Research Morocco's Poor? Evidence from Poverty and Spending Maps[R]. Policy Research Working Paper, 3478, The World Bank, 2005.

[54] Van De Walle and K. Nead. *Public Spending and the Poor: Theory and Evidence*[M]. Johns Hopkins University Press, Baltimore, 1995.

[55] H. H. Zee. Inequality and Optimal Redistributive Tax and Transfer Policies[J]. *Public Finance Review*, 2004, 32(4): 359-381.

第二章　购买性支出归宿数量差异及其原因

一、引　言

自从 Stigler(1970)发表"领导人法则"(即中高收入集团是购买性支出的主要受益者,低收入者从中受益甚微)后,人们进行了大量研究以验证这一假设的真实性。Grand(1982)研究了英国公共服务在各利益集团之间的分配,证明了"领导人法则"的正确性。但是,Van de Walle 和 Nead(1995)基于家庭预算调查,研究了公共卫生支出,得出了不同的结论,认为以预防和治疗为主的基层卫生中心一般比医院更有利于穷人。Jimenez(1995)研究教育支出归宿时支持了 Van de Walle 和 Nead(1995)的结论。基础设施利益归宿分析起来十分困难,Pradhan(1996)认为其原因是基础设施具有公共产品特征,因而以家庭调查方法确立不同利益群体从中得到的利益是困难的。购买性支出归宿是难以衡量的,其原因是计量归宿的因素复杂而且难于把握(Brown 和 Jackson,1990)。Basley 和 Kanbur(1993)指出了研究方法困境的根源,他们认为,不完全信息导致支出利益难以归宿于穷人,也就是说,人们难以鉴别谁是穷人和谁是富人。Galasso 和 Ravallion(2005)在 Ravallion(1999)和 Ravallion(2000)的基础上,研究了支出项目的信息结构以及相关行为者之间的博弈行为特征。他们将支出目标分解,并采取村级数据进行计量检验,发现支出归宿到了穷人,但归宿绩效差别较大。他们将归宿绩效不平等归咎于村级贫困人口之间在决策上的权力大小。Van de Walle(2005)延用目标分解方法，应用摩洛哥71个省级数据检验支出归宿，其结论是：支出项目较好地惠及了农村贫困人口，但没有惠及城市贫困人口；支出增长的物质利益到了城市非贫困人口手中，但大量利益绕过了城市贫困人口；支出利益大部分集中归宿于农村贫困人口。由此，我们很难得出明确的结论：购买性支出归宿于穷人还是富人？此为研究重点所在。

在国内，沈跃骅(1992)通过编译的形式对支出归宿作了早期推介。蒋洪、马国贤和赵海利(2002)派出400多位调查人员到全国各地调查并取得数据，对高等教育支出归宿数量差异及成因进行了直白描述。王志涛(2007)就支出归宿的最新研究进展进行了述评。刘穷志(2007)构建了一个简单的模型并利用面板数据分析了支出归宿的数量差异。孙立、刘穷志(2008)研究了购买性支出的收入效应。王俊和昌忠泽(2007)提出为居民建立社会普遍服务体系，包括人文普遍服务（社会性支出）和产业普遍服务（经济性支出）。显然，国内评估技术的研究逐渐拓展与深入，但是存在明显缺陷：一是评估技术的理论分析不足。他们认识到了购买性支出的收入效应，但没有觉察到它是支出归宿所致，因而评估技术没能与政治制度、财政制度和个人经济行为联结起来。二是前沿与稳健的评估技术研究缺乏。基本上运用计量经济学教科书理论进行分析，没能对适宜于评估的技术方法作较深入的推导与论证。三是统计数据一般为宏观数据，没有使用中观数据和微观数据。此三点为研究内容所在。

我们的主要目标是：评估购买性财政支出在贫富居民之间的分配份额，探究公共财政的阳光是否覆盖到中国所有居民，是均匀覆盖还是厚此薄彼；评估差别性公共支出给不同收入群体带来的收入效应。主要研究方法是：针对购买性支出的家庭归宿隐性，我们构建了购买性支出归宿数量差异的评估模型和差别性公共支出对居民收入不平等的激励模型，分析中国购买性支出制度并选取变量，收集整理变量的面板数据并进行实证分析。

二、模型设定

本方法的目标是测算公共支出在富人与穷人之间的受益差别。在个人收入数据缺失的情况下，考虑个人收入的决定因素，通过估计含有这些决定因素的计量方程，确定公共支出归宿差别。

假定第 i 行政辖区内有穷人与富人两类人，公共支出将在他们中间配置，公共支出受预算 G_i 约束。穷人的比例是 H_i，而且是事前决定的。假定没有跨区人口流动以及相关的财政外部性。

辖区内的穷人和富人分别收到的公共支出为 G_i^p 和 G_i^n，它们产生的福利分别是 U_i^p 和 U_i^n。于是，穷人和富人的福利函数分别为：$U_i^p(G_i^p)$ 和 $U_i^n(G_i^n)$。假定这些福利函数在得自公共支出的配置中是严格递增而且至少是弱凹的。于是，辖区选择 G_i^p 和 G_i^n 以解决以下数学规划：

$$\max H_i U_i^p(G_i^p) + (1-H_i) U_i^n(G_i^n) \tag{2.1}$$

$$\text{s.t.} \quad H_i G_i^p + (1-H_i) G_i^n = G_i \tag{2.2}$$

该数学规划的解可以写做：

$$G_i^p = G^p(G_i, H_i) \tag{2.3}$$

$$G_i^n = G^n(G_i, H_i) \tag{2.4}$$

花费在穷人和富人身上的公共支出的差别定义为"目标差异"，即：

$$T_i = G_i^p - G_i^n = T(G_i, H_i) \tag{2.5}$$

正的 T 值表示公共支出有益于穷人，负值表示有益于富人。但是，(2.5) 式不能判别 G_i 的增长引致的 T_i 的变化方向（正值或负值），也不能据以判断 H_i 的变动导致的 G_i^p 和 G_i^n 的变化方向。

为了进一步研究与测度目标差异 T，我们将 (2.5) 式代入 (2.2) 式得：

$$G_i = H_i G_i^p + (1-H_i) G_i^n = G_i^n + (G_i^p - G_i^n) H_i = G_i^n + T_i H_i \tag{2.6}$$

显然，如果估计出了 H_i 的系数，就求解出了目标差异。但是，(2.6) 式中 G_i^p 和 G_i^n 在现实中是难以观测的，于是，我们必须进行变量替换。考虑目标差异影响因子分析的需要，令：

$$G_i^p = \alpha^p + \beta^p X_i \qquad (2.7)$$

$$G_i^n = \alpha^n + \beta^n X_i \qquad (2.8)$$

这里，X_i 表示具有辖区 i 水平特点的决定公共支出归宿（G_i^p 和 G_i^n）的变量（经济实力、经济缺陷、公民偏好以及财政转移支付水平等）。将（2.7）式和（2.8）式代入（2.6）式得：

$$G_i = \alpha^n + \beta^n X_i + (\alpha^p - \alpha^n) H_i + (\beta^p - \beta^n) X_i H_i \qquad (2.9)$$

其计量方程式是：

$$G_i = \alpha^n + \beta^n X_i + (\alpha^p - \alpha^n) H_i + (\beta^p - \beta^n) X_i H_i + \varepsilon_i \qquad (2.10)$$

在知道 G、H 和 X 的情况下，（2.10）式可以作为估计公共支出在贫富人口之间配置的目标差异的估计模型。必须注意的是，在某些情况下，估计值可能为负。在这种情况下，该估计值设为正，目标差异值相应调整。

三、制度背景与变量选取

中国公共支出在一定程度上应该是归宿到贫困人口手上了（朱玲，2004；林伯强，2005），但是，公共支出对于贫富人口的归宿目标差异是显著存在的（Ravallion 和 Chen，2004），而且这种差异在快速扩大（世界银行，2003）。

在中国，用于分析公共支出归宿及归宿目标差异的适宜数据是家庭水平上的数据，但是，获取这些数据的成本是极其高昂的，有些数据甚至是不可能获得的。相反，地区数据是容易获得的，它们能够替代家庭数据的功能，还能够克服家庭数据的部分缺陷（Van ed Walle，2005），它们能有效地描述公共支出归宿于贫困人口的平均数；通过研究跨地区公共项目分布和贫困人口的公共支出归宿，支出归宿绩效是可以测量的；通过回归分析贫困地区的公共支出项目配置，地区间的目标差异是可以测度的。本书因而采用地区数据测量公共支出归宿于贫困人口的程度以及公共支出目标差异。

中国公共支出在地区层次上的归宿目标差异是由其财政分权体制决定的。中国的财政分权体制是近 30 多年以来逐步演进而形成的。1994 年进行的重大改革再次集中了财政收入，但是，却未改变事权的划分。其结果产生了资金缺口,而政府间的转移支付不足以抵消这一缺口,于是出现财政收入均等化不足,地区间的财政支出不平衡加剧。

现行财政分权体制的运行特点之一是纵向财政收入分配趋向集中化。①中央政府与地方政府间的收入分配倾向于中央财政。中央财政收入占财政总收入的比重在1990年为33.8%,1999年和2004年分别为51.1%和54.9%。中央财政收入份额不断提高,但没有对支出作相应调整。尽管大部分中央财政收入返还给了地方政府,但中央政府却获得了大量收入分配控制权。首先,在税收返还以前,财政部控制授予地方政府财力的权力。其次,随着税收返还占转移支付总额中的份额减少,财政部分配资金的灵活性增加。即财政部决定转移支付比重的随意性增加,减少了公式化转移支付的比重。②地方政府收入分配倾向于省级财政。分税制明确了中央政府与地方政府之间的收入划分,但没有明确地方四级政府之间的收入划分。由于此体制具有高度联邦制的特点,因此,各省间的收入分配差别较大。地方财政具有两个趋势:首先,与中央财政相比,地方财政资源更加集中化。表现在:相对于地区级单位和县、乡而言,绝大部分省级政府支出比重不断增长。其次,农业部门受到伤害。省级部门的收入以转移农村收入份额为代价,财源从县乡政府转移到省政府。

特点之二是横向的地区间财政支出资源趋向不平衡。造成这一状况的主要原因是市场化改革和向更发达的沿海地区倾斜的战略。分税制不仅没有减轻市场化改革带来的非均衡化影响,而且加剧了地区间的不平衡。这一不平衡的后果之一是,相对于发达省份,贫困省份的人均支出极少,大多数基本的公共服务供给严重不足。与此类似,省内不平衡也是一样严重。

特点之三是转移支付制度疲软。上面两个结果的有效均等化机制是转移支付,但是,1994年确立的财政体制具有对地区间收入分配非均等化的特点。该体制最显著的两项内容是税收返还和均等化转移支付。税收返还遵循来源地原则,即与征税挂钩,将收入按上缴的税收额的多少返还,这样,更多的税收返还给富裕地区而不是贫困地区。抵消这一累退效果的只有公式化、均等化转移支付机制了。但是，一般在财年结束后才依据可获得的资金来确定转移支付额，结果每年各省仅仅收到满足计算公式确定的财政需求中很小一部分的资金，这显然是远远不够的。而且，与税收返还相比，公式化的均等化转移支付制度是次要的，因而总体效果是分配非均等化。转移支付中第二大科目是专项转移支付/拨款，它占转移支付总额的1/3以上。专项转移支付/拨款具有发挥财政均等化的潜力，但事实上也发挥着非均等化作用。专项转移支付流向城市粮食补贴和其他消费补贴，致力于经济增长和解救地方财政，帮助地方政府支付拖欠的养老金和支付国有企业解雇工人的失业补偿金，还用来补助财政资金困难的省份和补偿地方政府执行中央政府命令所用的费用。快速增长的专项转移支付/拨款不符合公式化的转移支付制度，其收入均等化效应尚待检验。

总之，现行财政体制集中了财政收入，加剧了支出和公共服务供给的不平等，转移支付制度对此态势影响甚微。

为了描述公共服务在各省的分布，研究公共服务在贫富人口之间的归宿目标差异，基于现行财政经济体制，我们选取的公共服务归宿决定变量如下。

（一）被解释变量

撇开纯公共品和准公共品以及全国性公共品和地方性公共品的区别，我们考察各种公共品中购买性支出的归宿（普拉丹，2000）。购买性支出包括社会服务和经济服务。其中，社会服务主要包括教育服务、科技服务、卫生服务、社会保障、社会救济；经济服务包括基本建设服务、工业服务、农业服务、交通服务、流通服务。各地区相关变量以省级人均量表示。受中国经验数据收集约束，工农业服务等极少数指标外延小于指标内涵所规定的外延。由于我们使用的是相对指标，这种外延不影响我们的研究意义。

（二）解释变量

解释变量是指我国财政经济体制中影响公共服务在发达地区与

不发达地区或者说贫富人口之间配置的变量。主要有：

(1) 资格变量。该组变量是官方规定的配置公共服务的决定变量。分税制使各地区公共服务的提供决定于本地经济实力和依赖于经济实力的税收量，中央财政集中起来的财力配置也偏好经济实力强的地区。因此，我们以省级人均 GDP 代表资格变量。

(2) 结构变量。该组变量考虑的是各地区的社会经济缺陷，这些缺陷是政府支出弥补市场配置资源失灵的依据，因此，结构变量是对资格变量的补充。这类变量有：农业发展以及分化到非农产业的程度、成人不识字率、疾病、虫灾和干旱等，我们以省级成人文盲百分率代表结构变量。

(3) 开放变量。该组变量考虑的是贫困人口在公共服务配置中的讨价还价能力。这类变量有代表某个利益集团的党团群体及其他社会经济组织数量、电力化程度、电话普及率、道路里程与质量等。我们以省级人均每年交通与通信支出代表开放变量。

(4) 财政体制变量。该类变量反映政府财政体制针对社会不公平的调控能力，转移支付是实现这一功能的有效机制。我们以省级人均全年家庭转移性收入来表示。

另外，贫困人口比例也是解释公共服务配置的变量，我们以省级个人收入低于贫困线的人数占总人口的百分比表示。

四、实证结果

我们选取的样本期为 2000—2004 年，研究数据为样本期内全国 31 个省级单位的数据，资料来源为《中国统计年鉴》(2001—2005) 以及 Ravallion 和 Chen 的研究 (2004)，分析方法为面板数据的普通最小二乘法，利用计量方程 (10) 得出结果。

(一) 购买性支出归宿的目标差异

表 2.1 显示我国公共服务在贫富人口之间的配置是比较公平的。差异百分比一般不超过 5%，例外的有：贫困人口比富裕人口少享受了 10.07% 的公共交通服务。显然，公共服务归宿的目标差

异是普遍存在的。

表 2.1　购买性公共支出归宿的目标差异

	实际简单平均值（1）	归宿于贫困人口的估计平均值（2）	归宿于富裕人口的估计平均值（3）	估计的目标差异绝对额(4)=(2)-(3)	估计的目标差异相对额(5)=(4)/(2)
公共教育服务	225.76	52.24	49.75 (1.996 2)	2.49 (3.117 8)	4.77
公共科技服务	10.57	17.33	16.77 (5.431 1)	0.56 (5.631 4)	3.23
公共卫生服务	68.61	58.36	56.32 (3.754 5)	2.04 (4.232 7)	3.50
社会保障	94.14	144.71	147.39 (3.314 2)	-2.68 (-1.876 8)	-1.85
社会救济	36.24	8.65	8.22 (0.841 5)	0.43 (1.378 8)	4.97
基本建设服务	242.39	123.30	127.66 (1.479 2)	-4.36 (-1.575 3)	-3.54
工业服务	70.30	40.99	40.07 (1.710 4)	0.92 (1.227 4)	2.24
农业服务	38.72	25.80	25.25 (2.215 2)	0.55 (1.354 7)	2.13
公共交通服务	16.58	2.78	3.06 (0.622 1)	-0.28 (-1.784 3)	-10.07
流通服务	1.99	4.24	4.33 (5.249 8)	-0.09 (-3.389 0)	-2.12

注：括号内为 t 值，下表相同。

我国公共服务归宿的目标差异特征是:

1. 文教科卫服务以及社会救济向贫困人口（地区）已经有了倾斜，但社会保障相对不足

在社会服务中，我们惊奇地发现，国家普及九年义务教育，开展科技下乡活动，并广泛实施农村合作医疗计划，贫困人口在样本期内分享到了较多的公共教育服务、公共科技服务和公共卫生服务，其多出的百分比分别是：4.77%、3.23%和3.50%，相关t值显示了这些服务归宿目标差异的显著性。社会救济更是向贫困人口倾斜，比富裕人口多出近5%，但是，其显著性稍弱一些。

与大多数社会服务较多地惠及贫困人口相反，对贫困人口的社会保障服务却是显著地落后富裕人口近2%。这与我国农村社会保障制度缺失有关，反映了贫困人口对社会保障的强烈需求的现实。

2. 见效快的经济服务较多，但着眼于长远利益的经济服务相对较少

在经济服务中，我们惊奇地发现，贫困人口得到了较多的工农业服务，相对目标差异分别是2.24%和2.13%。工农业服务是国家预算内直接给予企业技术改造和农户农业生产的财政支持，其最大特点是见效快。

但是，在基础性的着眼于长远利益方面，贫困人口得到的公共经济服务较少。在基本建设服务、公共交通服务和流通服务方面，公共服务归宿的目标差异相对值分别是：-3.54%、-10.07%和-2.12%。应特别注意的是公共交通服务，对贫困人口的公共交通服务是整个公共服务中目标差异最大的。

（二）购买性支出归宿目标差异产生的原因

公共服务归宿目标差异受多种因素影响，表2.2显示了各种公共服务目标差异形成的原因。拟合优度一般较高，证明了我们的理论模型方法及据以得出的实证结果是正确的。t值符号及弹性大小描述了原因特征。

表 2.2　　购买性支出归宿目标差异形成原因

	原因				统计特征	
	经济实力（GDP）	经济缺陷（文盲率）	公民偏好显示（交通通信水平）	政府财政体制（转移支付水平）	样本	R^2
公共教育服务	0.008 5 (5.639 3)	1.329 0 (0.949 3)	0.063 4 (2.416 1)	0.073 7 (4.749 1)	155	0.938 8
公共科技服务	0.000 7 (3.799 8)	-0.162 8 (-0.938 1)	0.025 9 (7.969 3)	0.004 4 (2.326 6)	155	0.9045
公共卫生服务	-0.001 1 (-1.225 0)	-0.942 2 (-1.118 2)	0.065 1 (4.122 7)	0.061 9 (6.624 1)	155	0.867 6
社会保障	0.002 0 (0.745 9)	-0.162 9 (-0.065 2)	-0.093 1 (-1.989 0)	0.009 4 (0.342 6)	155	0.1532
社会救济	-0.001 9 (-3.234 1)	-1.257 8 (-2.291 2)	0.053 3 (5.183 1)	0.028 3 (4.661 4)	155	0.690 4
基本建设服务	0.050 3 (9.553 3)	6.915 7 (1.426 5)	-0.275 3 (-3.029 1)	-0.186 3 (-3.463 9)	155	0.866 2
工业服务	0.032 58 (22.787 4)	5.997 8 (4.556 9)	-0.113 4 (-4.594 6)	-0.121 2 (-8.299 6)	155	0.945 7
农业服务	-0.001 7 (-2.239 1)	0.823 0 (1.148 8)	0.029 6 (2.210 5)	0.031 9 (4.014 5)	155	0.621 0
公共交通服务	-0.000 7 (-2.525 6)	-0.873 8 (-3.160 4)	0.002 6 (0.507 5)	0.012 0 (3.920 6)	155	0.871 6
流通服务	-0.000 01 (-1.570 0)	-0.142 1 (-3.066 2)	0.002 5 (2.910 5)	-0.000 6 (-3.389 0)	155	0.216 7

1. 社会服务

公共教育服务和公共科技服务两个被解释变量与各自的解释变量之间的拟合是较好的，优度分别达到93.88%和90.45%，不过，经济缺陷解释变量的t值均不显著。其他解释变量的系数符号表明，经济实力越弱，公共教育服务和公共科技服务的供给越少；公民偏好显示越高，政府转移支付越多，公共教育服务和公共科技服务供给就会越多。我国贫困人口近年来人均享受了更多的公共教育服务和公共科技服务，这可能与贫困人口的需求呼声和财政转移支付有关。

关于公共卫生服务，经济实力与经济缺陷引致作用不明显。拟合优度达到86.76%，说明公民偏好显示和财政转移支付能力从根本上共同决定了公共卫生供给。公民对公共卫生的偏好显示越高，财政转移支付越多，公共卫生提供就会越多。与城市公费医疗市场化趋势相反，农村合作医疗卫生体制应群众要求正在如火如荼地建设中，我国贫困人口近年人均得到更多的公共卫生服务是必然的。

社会保障与其解释变量的拟合优度只有15.32%，因而还不足以解释社会保障服务配置决定。值得肯定的是，公民偏好显示是社会保障的显著正相关变量，而经济实力、经济缺陷和政府财政体制都不显著。现实情况是，城市比农村更容易在政府面前显示对社会保障的偏好，因此，贫困人口得到较少的社会保障服务是可以理解的。

社会救济与其解释变量的拟合优度较好，各变量系数更是非常显著。系数符号表明，经济实力越弱，公民偏好显示越高，财政转移支付越多，得到的社会救济就越多。这就决定了贫困人口能得到更多的社会救济。但是，经济缺陷的系数是$-2.291\,2$，说明社会救济与经济缺陷负相关，政府社会救济忽视了对经济缺陷的考虑，从而削弱了对贫困人口的救济力度，贫困人口得到的社会救济只比富裕人口多4.97%，还不到5%。

2. 经济服务

基本建设服务与其解释变量的拟合优度较高，达到86.62%，不过经济缺陷系数的t值不高。其他三个变量的系数符号表明，基本建设服务的供给显著地受经济实力左右，贫困人口获得的基本建设服务较少。与此同时，对基本建设服务的需求呼声得不到很好的响应，财政转移支付也无助于基本建设服务供给。因此，富裕人口理所当然地得到了更多的基本建设服务。

工农业服务是直接的经济服务。工业服务拟合优度是最高的，达到94.57%，各解释变量的 t 值也非常高，其中，经济实力的 t 值高达22.7874。对工业服务归宿的解释是：工业服务显著地依赖于经济实力，经济缺陷才是工业服务提供的根本依据（弹性为5.9978，是几个自变量中最高的）。公民偏好显示和财政转移支付水平则无益于工业服务的提供。因此，贫困人口得到了更多的工业服务。农业服务供给决定与工业服务不同。它与经济缺陷的关联不显著，而与经济实力显著负相关，与群众需求呼声和财政转移支付水平显著正相关。其结论与工业服务供给一样，贫困人口得到了更多的农业服务。

公共交通服务是贫困人口所缺乏的。经验结论显示，经济实力越弱，政府提供的公共交通服务越多。但是，经济缺陷的弹性是0.8738，远大于经济实力的弹性0.0007，而且与公共交通服务供给负相关，这就是说，经济缺陷从根本上反向决定公共交通服务的供给。转移支付有益于公共交通服务供给，但是无法改变经济缺陷负向决定的强势。因而，贫困人口得到的公共交通服务在所有公共服务中与富裕人口差距最大。

与公共交通服务归宿类似，贫困人口得到的流通服务较少。不过，流通服务供给与经济实力的关联不太显著，但经济缺陷也是从根本上反向决定了流通服务的供给。群众的需求呼声有益于流通服务的供给，但转移支付则无益于其供给。这样，贫困人口得到了较少的流通服务，但在程度上比公共交通服务弱。

五、结　　语

在家庭数据缺乏的情况下，本章转换变量，构建了可利用中观数据进行分析的公共服务归宿评测模型，该模型适合用中国经验检验。

利用 21 世纪以来的省际面板数据，我们发现：文教科卫和社会救济更多地惠及了贫困人口，但社会保障则供应不足；贫困人口较多地得到了见效快的经济服务，但着眼于长远利益的经济服务相对较少。

研究表明公共服务归宿差异产生的原因主要有经济实力、经济缺陷、公民偏好显示以及政府财政体制。在社会服务归宿差异方面，贫困人口的需求偏好显示和政府转移支付决定了近年公共教育服务和公共科技服务供给更多地惠及了贫困人口；经济实力弱、需求偏好显示多以及财政转移支付使贫困人口得到了较多的社会救济；但是，弱的社会保障偏好显示却使贫困人口得到的社会保障较少。在经济服务归宿差异方面，经济实力不如富裕人口使贫困人口得到的基本建设服务不如富裕人口多；经济缺陷使贫困人口获得了政府更多的工业服务；经济实力弱以及政府转移支付也使贫困人口获得了政府更多的农业支持；经济缺陷使政府提供给贫困人口的公共交通服务和流通服务均较少。据此，我们简短地提出政策建议：

（1）扩大对贫困人口的社会保障服务，确保贫困人口的基本生活需要得到满足。

（2）保持对贫困人口的工农业服务，确保贫困人口能够直接而迅速地从公共服务中受益。

（3）增加对贫困人口所在地区的基本建设服务、公共交通服务和流通服务，确保贫困人口所在地区的社会经济长远发展。

（4）提升贫困人口的经济实力、减少乃至消除经济缺陷、确保社会保障偏好显示机制畅通并且加大转移支付力度，努力保证各项购买性支出惠及贫困人口。

参考文献

[1] 世界银行. 中国：国家发展与地方财政[M]. 北京：中信出版社，2003.

[2] 桑贾伊·普拉丹. 公共支出分析的基本方法[M]. 蒋洪，等，译. 北京：中国财政经济出版社，2000.

[3] 蒋洪,马国贤,赵海利. 公共高等教育利益归宿的分布及成因[J]. 财经研究,2002(3).

[4] 林伯强. 中国的政府公共支出与减贫政策[J]. 经济研究, 2005(1).

[5] 刘穷志. 公共支出归宿:中国政府公共服务落实到贫困人口手中了吗[J]. 管理世界,2007(4).

[6] 沈跃骅. 财政支出受益的归宿研究[J]. 经济研究参考,1992(Z7).

[7] 孙立,刘穷志. 财政购买性支出激励与经济持续增长[J]. 数量经济技术经济研究,2008(9).

[8] 王俊,昌忠泽. 社会普遍服务的建立——来自中国的经验分析[J]. 经济研究,2007(12).

[9] 王志涛. 政府公共支出及其受益归宿研究的新进展[J]. 预测, 2007(1).

[10] 朱玲. 西藏农牧区基层公共服务供给与减少贫困[J]. 管理世界,2004(4).

[11] T. Basley, R. Kanbur. Principles of targeting [A] // M. LIPTON, Van Der Gaag J. Including the Poor [C]. World Bank, Washington D. C. 1993.

[12] C. V. Brown, P. M. Jackson. *Public Sector Economics* [M]. Basil Blackwell, 1990.

[13] E. Galasso, M. Ravallion. Decentralized Targeting of an Antipoverty Program [J]. *Journal of Public Economics*, 2005, 89: 705-727.

[14] J. L. Grand. *The Strategy of Equality: Redistribution and the Social Services* [M]. Allen and Unwin, London, 1982.

[15] E. Jimenez Human and Physical Infrastructure: Public Investment and Pricing Policy in Developing Countries [J]. *Handbook of Development Economics*, 1995, Vol. Ⅲ, Chapter 43.

[16] S. Pradhan. *Evaluating Public Spending: A Framework for Public Expenditure Reviews* [M]. The International Bank for

Reconstruction and Development, The World Bank, 1996.
[17] M. Ravallion. Are Poor States Worse at Targeting Their Poor[J]. *Economics Letters*, 1999, 65: 373-377.
[18] M. Ravallion Monitoring Targeting Performance When Decentralized Allocations to the Poor Are Unobserved[J]. *World Bank Review*, 2000, 14(2): 331-345.
[19] M. Ravallion, S. Chen. China's Uneven Progress against Poverty [R]. Policy Research Working Paper, No. 3408, World Bank, Washington D. C. 2004.
[20] G. J. Stigler. Directors' Law of Public Income Redistribution[J]. *Journal of law and Economics*, 1970, 13: 1-10.
[21] Van de Walle. Do Services and Transfers Research Morocco's Poor? Evidence from Poverty and Spending Maps [R]. Policy Research Working Paper, 3478, The World Bank, 2005.
[22] Van de Walle, K. Nead. *Public Spending and the Poor: Theory and Evidence*[M]. Johns Hopkins University Press, Baltimore, 1995.

第三章 财政援助性支出与农村贫困家庭的民生

一、引 言

贫困与民生是政府援助的重点,效果如何更是研究者的研究热点(刘穷志,2007)。这里有两个焦点之争:一是政府援助有效吗?即援助是否激励了贫困人口脱离贫困,民生是否得到了改善?二是政府援助对于民生来说是长期有效还是短期有效?两类争论分别涉及政府援助的纵向与横向民生效果评估。

在纵向效果研究方面,Ravallion 和 Chen(2005)考察了中国西南减贫项目对贫困人口民生的长短期影响,他们发现,项目使当地贫困人口增加储蓄,并且对家庭收入的影响超过了对消费的影响,但长期影响不够稳健。Chen,Mu 和 Ravallion(2006)进一步分析了政府援助对中国贫困人口的影响,他们认为,虽然短期与主要的影响是储蓄,但适度的长期消费和增收也是存在的。由此可见,研究结论是不一致的甚至是相互矛盾的。

在横向效果研究方面,Emmanuel Skoufias 和 Vincenzo di Maro(2006)认为,政府援助的民生效果依赖于政府援助是否激励了人们的工作及工作程度;运用墨西哥 PROGRESA 项目的经验数据,他们发现,政府援助对贫困人口的劳动没有产生激励,因而也就没有产生较好的民生效果。但是,Ardington,Case 和 Hosegood(2007)利用南非的面板数据研究发现,政府援助激励了家庭成员增加工作。Rawlings 和 Rubio(2003)运用实验和准实验方法,研究了拉丁美洲和加勒比国家政府援助对贫困的影响,他们发现,不同条件下的政府援助的民生激励效应不同,难以得出一致性结论。

在国内,都阳和 Park(2007)研究了政府援助对城市贫困人口的救助及其效应,他们认为,中国目前的救助体系具有较好的救助效率。但是,刘穷志(2011)认为,政府援助减少了贫困家庭的劳动和投资,家庭总收入也相应减少,从而出现越扶越贫的状态。由此看来,国内研究与国外研究的结论并不一致。

我们认为,结论不一致甚至矛盾的原因在于研究方法的设计上。上述文献运用的研究方法是方差分析,无论是单差分(D 估计)还是双差分(DD 估计)都存在两类样本选择偏差方面的问题:其一,实验组(treatment group)与对照组(comparison group)互相影响,表现出溢出效应(spillover effect),也就是外部资金的注入将改变当地政府的援助选择,从而影响对照组住户的收入;其二,由于住户的异质性,初始条件不同,将影响到后续收入的增长变化。本章拟从这两方面取得突破。在使用差分法的同时,评估溢出效应的影响程度。为了减少初始相关性造成的估计偏误,加入倾向得分匹配(propensity-score matching),以去除偏误。

二、民生援助制度与关注的变量

(一)中国农村贫困与民生援助体系

现行农村援助体系由最低生活保障、五保供养、特困户救济、灾害救助、临时救济和扶贫政策等部分组成。其一为最低生活保障制度。农村最低生活保障制度是用以解决农村困难群众生活问题的制度。近年来,由于财力条件的限制,中西部不再实行最低生活保障制度,只在沿海发达地区和大城市郊区仍然实行。其二为五保供养制度。中国农村长期实施的一项基本的社会援助政策就是对农村"三无"人员实行五保供养。2003 年农村税费改革以来,五保供养由政府开支,各级财政在对乡、村的转移支付资金中提取。其三为特困户救济制度。它解决农村贫困人口的生活问题。最初普遍推行的是农村低保制度,但是,在国情国力的限制下,仅依靠地方财力在全国范围内推行该制度并不现实。2003年初，民政部出台了对生活极度困难、自救能力极差的农村特困户的救济措施。主要做法是对不救不活的农村特困户发放农村特困户救助证，实行定期定量救济。该救济制度基本保障了农村最困难的特困群体的基本生活。其四为灾害救助制度。灾害救助对象是遭受灾害侵袭的农户。救灾资金来源于每年由中央财政安排的特大自然灾害补助费，地方予以配合投入。保障灾民灾后基本生活需要。其五为临时救济制度。临时救济的对象是生活水平略高于特困户的一般贫困户，但是，其生活水平处于最低生活标准，如果遇到疾病、饥荒和意外伤害，他们将更加贫困。对此，地方政府一般采取临时救济的方式。临时救济一般为不定期的、形式多样的扶贫帮困措施，比如，年节来临时给予生活补助，不定期地给予生活物品救助等。这些救济经费除辅之以社会互助以外，一般由当地政府财政列支。其六为扶贫政策。扶贫注重的是给予贫困人口最低生活保障和提高贫困人口生产自救能力。但是，扶贫不能替代救济政策，对于农村五保户、鳏寡孤独、因病因残丧失劳动力、因灾害等造成家庭生活常年困难的特困人口，一般采取救济政策。其七为其他救助性政策。以上各项政策制度在不同领域和不同程度上发挥着各自的援助作用。

（二）变量数据

依据现行农村家庭援助制度，我们可以使用中国健康与营养调查数据库（CHNS），该数据库是由美国北卡罗来纳大学卡罗来纳人口中心、国家营养与食品安全局及中国疾病控制与预防中心联合建立的，数据调查到目前为止分别于1989、1991、1993、1997、2000、2004、2006和2009年一共进行了8次，涉及辽宁、黑龙江、江苏、山东、河南、湖北、湖南、广西和贵州8省（自治区），基本上分别代表了中国中部、东部和西部。尽管其主要目的不是调查贫困、民生及政府援助情况，但它里面有一个家庭住户调查数据包，完全可以供我们的研究使用。CHNS数据库中的住户调查数据包不仅包含住户的收入状况及社会经济环境特征，还包含农村和城市住户辨识、工作、消费以及援助情况等。适应本章采用的研究方法，并考虑到 21 世纪中国贫困与不平等恶化的现状，我们采用 2004、2006 和 2009 年 3 年的数据作为样本数据，跨时 5 年。基于中国农村减贫制度，并考虑其是否与贫困减少、民生以及政府援助相关后，我们进行了变量筛选。与我们的研究主题相对应，我们选取农村住户数据，删除了城市住户数据；对于农村住户数据，我们还删除了不明确（比如该数据库填写的是 -9、-99、-999 或 -9999 等）和住户拒绝回答（无任何数据）的数据。依据现行中国农村救助体系的特征，在该数据库中，我们选取"J6a"（困难补助、残疾补助或福利金）作为中国农村贫困与民生救助指标。其他指标有收入、消费等，因变量较多，恕不赘述。

三、研究方法设计

基于都阳、Park（2007）的一阶差分法，本章设计了二阶差分法。二阶差分（double-difference）法评估的是一个项目的效果，它是以项目非参与者的结果来揭示项目参与者的反事实变化。其假定是选择偏差恒定不变。在本章中，我们指出选择偏差随时间变化的两个根源是：第一，结果与参与者和非参与者之间的最初差别相关；第二，溢出效应，项目因此而随后改变了非参与者的结果。

（一）目标盯住偏差

假定 Y_{it} 为家庭 i 在 $t(=0，1)$ 期的产出值，每个家庭要么是项目的参与者（$T_{it}=1$），要么是非参与者（$T_{it}=0$）。于是，产出值为：

$$Y_{it} = Y_{it}^C + T_{it}G_{it}(t=0，1；i=1，\cdots，N) \quad (3.1)$$

这里，$G_{it}=Y_{it}^T-Y_{it}^C$ 为项目效果，Y_{it}^T 为试验组产出，Y_{it}^C 为比较组（也称控制组）产出即反事实产出。G_{it} 不能直接观测，因为 $Y_{it}^T(T_{it}=0)$ 和 $Y_{it}^C(T_{it}=1)$ 未知。选择偏差为反事实结果的平均差分：

$$B_t = E(Y_t^C|T_1=1) - E(Y_t^C|T_1=0) \quad (3.2)$$

我们称其为无条件偏差。考虑到中国政府的援助目标，我们假定 $B_t \neq 0$。

标准二阶差分估计假定 $B_1 = B_0$，意味着参与者在时期1的平均效果变化获得一致估计：

$$DD = E[(Y_1^T - Y_0^T) | T_1 = 1] - E[(Y_1^C - Y_0^C) | T_1 = 0] = E[G_1 - G_0 | T_1 = 1]$$
(3.3)

我们以时期0为基准，$T_{0i} = 0$（对于所有的 i 来说），那么，$Y_{0i} = Y_{0i}^C$（对于所有的 i 来说），因此，$DD = E(G_1 | T_1 = 1)$，即试验组家庭的平均效果。

可是，非时变的条件偏差（$B_1 = B_0$）对于贫困家庭的援助项目来说是不可信的，目标贫困家庭缺乏基础设施和初始条件，它们可能影响随后的增长率。于是，DD 将是有偏估计，因为随后的产出是初始条件的函数，这些初始条件影响两组样本的分布。也就是说，选择偏差并非总是恒定不变的（Rosenbaum 和 Rubin，1983；Heckman 等，1998）。

DD 偏差的方向依赖于潜在增长进程是收敛还是发散。对于政府给予贫困家庭的援助项目，Jalan 和 Ravallion(1998)发现，与增长发散相一致，由于对项目参与者与非参与者之间的最初异质性的差异失去控制，因此产生了 DD 估计下的偏差，效应被低估。但是，尚不清楚在同一贫困地区内的贫困家庭之间是否也是这样。因为 Jalan 和 Ravallion(2002)发现，贫困地区之间发散的同时地区内部却收敛。

我们解决这个问题的途径是，依据影响项目安排的最初条件，平衡试验单位和比较单位。以向量 X 代表这些变量，识别假定是：选择偏差是 X 的非时变条件，即：

$$E(Y_1^C | T_1 = 1, X) - E(Y_1^C | T_1 = 0, X) = E(Y_0^C | T_1 = 1, X) - E(Y_0^C | T_1 = 0, X)$$
(3.4)

根据 Rosenbaum 和 Rubin(1983)研究，在给定 X 的情况下，如果结果变化独立于项目参与，那么，在倾向得分 $P(X_i) = \Pr(T_i = 1 | X_i)$（$0 < P(X_i) < 1$）的情况下，它们也独立于项目参与。这就消除了基于 X 的选择偏差。我们注意到，这只是处理了可观测变量的时变选择偏差，如果一些潜在因素与反事实产出变化相关，偏差将仍然存在。稍后的讨论表明，不可观测变量的遗留偏差更多

地在住户选择中出现。

借鉴 Hirano，Imbens 和 Ridder(2003)的研究，我们使用加权回归方法，采用下面的回归方程估计 DD。

$$Y_{it} = \alpha + DDT_{i1}t + \beta T_{i1} + \delta_t + \varepsilon_{it} \tag{3.5}$$

试验组的权重是被考察对象，比较组的权重是 $\hat{P}(X)/[1-\hat{P}(X)]$。$\hat{P}(X)$ 为 $P(X)$ 的一致估计，并且 $0<\hat{P}(X)<1$。Hirano 和 Imbens (2002)的研究显示，赋予权重可以获得充分有效的估计。① 我们用合并样本(pooled sample)估计(3.5)式($t=0$，1)。

对于平衡面板数据，我们可以用更加常见的固定效应等价形式来替代(3.5)式：

$$Y_{it} = \alpha^* + DDT_{i1}t + \delta_t + \eta_i + v_{it} \tag{3.6}$$

固定效应是 $\eta_i = \eta_i^T T_{i1} + \eta_i^C(1-T_{i1}) = \beta T_{i1} + \overline{\eta}^C + \mu_i[E(\eta_i|T_{i1}\neq 0)]$，在这里，$\beta = \overline{\eta}^T - \overline{\eta}^C$，$\mu_i = (\eta_i^T - \overline{\eta}^T)T_{i1} + (\eta_i^C - \overline{\eta}^C)(1-T_{i1})$，$E(\mu_i)=0$，$\varepsilon_{it} = v_{it} + \mu_i$，并且，$\alpha = \alpha^* + \overline{\eta}^C$。因此，(3.5)式中的 βT_{i1} 为潜在个人效应平均值的差分，其值随着最初对项目的选择而上升。(3.5)式的特点是，它不需要平衡面板，因而可以稳健地应对选择耗损。

作为稳健性检验，我们通过匹配倾向得分来比较这些估计。首先，平均效应的样本估计可以写做：

$$\left[\sum_{i=1}^{N_T}(Y_{i1}^T - Y_{i0}^T) - \sum_{j=1}^{N_C}W_{ij}(Y_{j1}^C - Y_{j0}^C)\right]/N_T$$

这里，N_T 为援助接受者数目，N_C 为控制组观察者数目，W_{ij} 为与第 i 个援助接受者相比较的第 j 个非援助接受者的以倾向得分为基础的权重。多少个非援助接受者包括在控制组中以及如何在非援助接受者中间分配权重是 PSM 方法的实践问题，选择之一是使用流行的最近相邻匹配法，但是，由于最近相邻匹配是非平滑的，传统 bootstrap 法不适合估计标准差(Abadie 和 Imbens，2006)。为了确保

---

① 如果估计人口的平均效应，那么试验组的权重为 $1/\hat{P}(X)$，控制组的权重为 $1/[1-\hat{P}(X)]$。

bootstrap 标准误差的有效性,我们使用非参数的核匹配,这样,所有非援助接受者都作为控制对象,权重依据预测的倾向得分的核函数分配(Heckman 等,1998),权重可以写为:$W_{ij} = K_{ij}/\sum_k K_{ik}$,这里,$K_{ij} = K\{[\hat{P}_j(X) - \hat{P}_i(X)]/a_n\}$,$K(\cdot)$ 为核函数,a_n 为带宽参数。我们使用标准密度函数作为核和 OR(odds ratio)值(Heckman 和 Todd,1995)。

条件独立假定引起了援助接受者与非接受者在 $P(X)$ 条件下经过匹配或者权重再分配(re-weighting)后是否存在差别的检验。根据 Rosenbaum 和 Rubin(1985)与 Abadie 和 Imbens(2006)的研究,我们使用接受援助家庭与匹配的或者权重再分配的非接受援助家庭之间的均值差分来检验协变量平衡。为了获取协变量较好的平衡,并考虑倾向得分的更加灵活的估计,我们引入最初收入水平的多项式(Smith 和 Todd,2005)。我们将报告匹配和权重再分配程序产生的、接受援助家庭与比较组的非接受援助家庭观察变量之间的合意的平衡。

(二)溢出效应产生的偏差

以上估计方法在溢出效应存在时是难以成立的,溢出效应改变了非援助家庭的产出结果,这就是非随机安排产生偏差的根源。

溢出效应产生的原因:一是人口流动。在中国,土地由村级管理,流动的家庭在目的地难以得到土地,并且可能失去原所在地的土地。二是家庭之间的交易。援助影响收入和价格,交易引致的一般均衡效应将对推断反事实结果的非援助家庭产生溢出效应。三是政府其他支出,它与援助之间存在替代效应,也可能存在补充关系。

我们将检验溢出效应,使用的是仍然上面描述的估计方法,只是结果为非援助家庭项目行为的程度。

四、实证结果

表 3.1 统计的是 2004、2006 和 2009 年的平均收入和平均消

费，借鉴 Ravallion 和 Chen(2005)的研究，我们使用了三种贫困线（600、800 和 1 000 元）。我们发现，获得援助的家庭在 2004 年至 2006 年的收入增加额大于没有获得援助的家庭的收入增加额，但是，2006 年至 2009 年与之相反，援助并没有让受援家庭的收入超过没有受援的家庭。表 3.1 表明，援助仅有些许甚至没有对收入和消费产生影响。但是，在接受这一结论之前，我们必须深入研究潜在的偏差及其根源。

表 3.1　　　　　　　　产出指标统计　　　　　　单位：元

	2004 年		2006 年		2009 年	
	受援家庭	非受援家庭	受援家庭	非受援家庭	受援家庭	非受援家庭
平均收入	997.64	1 159.21	1 266.41	1 225.12	1 394.54	1 517.16
	(724.01)	(605.14)	(891.18)	(868.86)	(904.76)	(925.15)
平均消费	847.21	947.32	945.75	1 019.67	1 132.54	1 120.78
	(470.24)	(446.27)	(572.84)	(687.86)	(793.45)	(795.07)
收入贫困率						
贫困线=600	0.223	0.129	0.139	0.115	0.127	0.102
	(0.420)	(0.337)	(0.351)	(0.321)	(0.334)	(0.301)
800	0.455	0.308	0.293	0.264	0.245	0.187
	(0.501)	(0.463)	(0.456)	(0.441)	(0.431)	(0.391)
1 000	0.618	0.457	0.450	0.417	0.369	0.294
	(0.491)	(0.501)	(0.500)	(0.494)	(0.481)	(0.457)
消费贫困率						
贫困线=600	0.293	0.185	0.276	0.220	0.180	0.137
	(0.456)	(0.388)	(0.445)	(0.416)	(0.386)	(0.348)
800	0.579	0.458	0.511	0.445	0.387	0.319
	(0.495)	(0.501)	(0.502)	(0.500)	(0.490)	(0.466)
1 000	0.759	0.651	0.679	0.628	0.539	0.471
	(0.431)	(0.480)	(0.470)	(0.486)	(0.501)	(0.500)

注：括号内为标准差。收入、消费和贫困指标以家庭规模加权。收入和消费平均值是以 2003 年的价格计算的年人均值。样本中有 110 个受援家庭和 90 个比较家庭。

我们现在来分析援助家庭选择的非随机性导致的选择偏差。表3.2为家庭是否接受援助的 Probit 回归分析结果，它是用来估计倾向得分的，变量是用来反映选择标准的。

表 3.2　　　　　　　家庭接受援助的 Probit 回归分析

	系数	Z 值		系数	Z 值
户主是否在家：在家	0.578	4.21	子女汇款	−0.548	−4.15
参军	0.213	0.56	吃水方式：自来水	−0.247	−1.98
外出打工	0.027	0.04	井水	0.534	4.15
出国	−0.001	−0.01	做饭燃料：木柴	0.467	5.17
户主文化程度：小学	1.754	3.42	煤气等	0.124	0.248
小学以上	−0.594	−0.62	住房地面建筑材料：土	0.534	4.15
户主是否为干部：是	−0.254	−0.85	水泥等	0.241	0.15
否	0.648	4.54	交通工具：摩托	0.341	0.45
家庭种地面积	0.047	2.42	其他	0.178	2.14
有无独生子女补助：有	−0.457	0.35	通信工具：电话	−0.245	−1.48
无	0.543	2.94	无电话	0.478	2.14
有无煤气燃料补贴：有	−0.247	0.24	信息渠道：计算机	−0.248	−1.98
无	0.427	3.42	无计算机	0.247	1.87
有无煤贴：有	0.247	0.45	医疗保险：有	0.438	0.24
无	0.378	3.24	无	0.261	2.48
有无用电补贴：有	0.245	0.35	到达诊所的时间	0.574	1.97
无	0.301	2.79			
Pseudo R^2			0.37		

注：观察单位 200 个。

观察表 3.2，我们发现，受援家庭通常是耕种田地多、没有外出工作、受教育少、子女多、住土砖房、没有电话、距诊所较远的家庭（2004 年）。与表 3.1 一致，表 3.2 在许多方面都显示了受援家庭通常比其他家庭要贫困一些。

使用基于表 3.2 的倾向得分对数据重新分配权重，我们可以得到两样本特征之间的平衡（包括最初的产出变量）。表 3.3 报告的是平衡检验，显然，平衡检验获得通过。

第三章 财政援助性支出与农村贫困家庭的民生

表 3.3 家庭特征与产出的平衡试验（2004 年）

家庭特征	标准平均		未加权		平均值差分							
					总样本的PS加权		总样本的PS核匹配		调整样本的PS加权		调整样本的PS核匹配	
	受援	非受援	平均值	标准差	平均值	标准差	平均值	标准差	平均值	标准差	平均值	标准差
种地面积	0.008	-0.011	0.021	0.140	0.014	0.138	0.170	0.131	0.072	0.171	0.105	0.172
井水饮水	0.135	-0.172	0.306	0.140	0.237	0.134	0.250	0.121	0.297	0.148	-0.157	0.143
木柴燃料	0.052	-0.068	0.121	0.142	0.108	0.140	0.371	0.135	0.154	0.166	0.071	0.169
土料住房	0.043	-0.057	0.101	0.142	0.078	0.0141	0.240	0.125	0.273	0.158	0.199	0.175
摩托交通	-0.149	0.186	-0.345	0.142	-0.231	0.143	-0.027	0.155	0.107	0.174	-0.271	0.181
电话通信	-0.085	0.110	-0.189	0.145	-0.129	0.138	0.055	0.150	0.114	0.057	-0.132	0.158
计算机网络	-0.008	0.010	-0.02	0.144	-0.029	0.140	-0.110	0.135	-0.078	0.191	-0.004	0.178
到诊所时间	0.022	-0.031	0.050	0.144	0.055	0.147	0.261	0.135	0.044	0.178	0.074	0.175
医疗保险	0.007	-0.009	0.019	0.138	0.011	0.112	0.151	0.124	0.064	0.159	0.104	0.168

续表

家庭产出	标准平均		未加权		平均值差分							
					总样本的PS加权		总样本的PS核匹配		调整样本的PS加权		调整样本的PS核匹配	
	受援	非受援	平均值	标准差	平均值	标准差	平均值	标准差	平均值	标准差	平均值	标准差
人均消费	-0.169	0.258	-0.41	0.152	-0.227	0.231	-0.214	0.242	-0.078	0.197	-0.009	0.201
人均收入	-0.179	0.297	-0.51	0.152	-0.249	0.345	-0.311	0.145	-0.189	0.197	-0.164	0.211
贫困指数												
600元(收入)	0.176	-0.251	0.403	0.143	0.387	0.171	0.451	0.190	0.251	0.221	0.255	0.244
800元	0.198	-0.264	0.453	0.140	0.348	0.176	0.381	0.200	0.203	0.199	0.114	0.211
1000元	0.241	-0.287	0.497	0.139	0.412	0.206	0.464	0.264	0.174	0.221	0.072	0.224
600元(消费)	0.168	-0.231	0.375	0.142	0.464	0.191	0.551	0.190	0.261	0.199	0.334	0.221
800元	0.204	-0.229	0.359	0.142	0.251	0.201	0.254	0.224	0.09	0.197	0.009	0.220
1000元	0.274	-0.264	0.398	0.142	0.324	0.278	0.302	0.317	0.008	0.188	-0.141	0.217

注：家庭收入、消费和贫困指标用家庭规模加权。总样本中，受援家庭110个，比较家庭90个。调整样本中，受援家庭70个，比较家庭60个。

(一) 平均效应的二重差分估计

表3.4为收入、消费和无储蓄的平均效应的简单DD估计。我们给出2006年和2009年绝对水平和对数形式上的估计,后者对于穷人家庭所得给予了更高的权重。2004年为基准线。我们看到,政府援助对于平均收入有相当大且显著的影响,但对消费没有影响;2006年大量的收入被储蓄起来。

在2006年的收入分解方面(分解为耕作收入、畜牧收入、渔业、种树、非农产业等),表现为显著影响的是家庭畜牧饲养,它对净收入影响的DD估计是93.37元($t=3.11$)。当使用PS加权与核匹配时分别升至119.34元($t=3.53$)和138.59元($t=3.64$),以纠正选择偏差,见表3.5。表3.5仅报告家庭畜牧饲养的结果。

收入还可以分解为现金和实物两类。我们发现,大量短期收入影响为来自家庭畜牧饲养的实物收入,见表3.5。这令人困惑不解,来自农村家禽饲养的实物收入的相当大的份额仍然被用于直接消费,并且应该显示在消费中。可是,受政府援助影响的实物收入为非生产性的家禽和生产性家禽的幼崽,它们计为实物收入,却用于销售或者后来的销售而非消费。

当我们追踪影响至2009年时,结果变化非常大。正如表3.4所显示的那样,政府援助经过五年的观察期后对于平均收入或者消费没有影响。表3.4还报告了使用倾向得分平衡受援和非受援家庭后的平均收入的DD估计。我们分别报告了PS加权与核匹配、两个时间点以及调整样本与总样本的结果。DD估计的基本态势仍然是明显的。以核匹配法取代再加权回归方法的结果是稳健的。当估计方法的选择存在一定的敏感性时,该态势仍然是稳健的,即早期收入影响是巨大而显著的,但后期收获极少。当我们纠正受援家庭的人为选择的影响后,2006年的估计收入是较大的,这与家庭间发散的增长过程是一致的。可是,该态势在2009年不明显(详细报告从略)。我们的主要发现是:

从长期影响来看,总体上,2009年对实物收入影响的DD估计是131.36元($t=2.41$),但纠正选择偏差时该估计值下降。如果加

表 3.4　政府援助对家庭收入和消费的影响：倾向得分加权与加权匹配估计

单位：元

	受援家庭 2004 年均值	援助带来的收获	非援助家庭的收获	简单 DD	t 值	PS 加权 DD	t 值	核匹配 DD	t 值
调整的样本									
2006 年收入(I)	982.14	198.34	67.35	130.99	1.86	181.34	2.67	170.35	2.57
消费(C)	842.01	68.04	71.58	-3.54	-0.07	-18.59	-0.34	-45.12	-0.85
储蓄(S)	140.54	130.54	-4.27	134.81	2.21	202.13	2.83	221.32	2.87
2009 年收入	982.14	433.17	389.45	43.72	0.54	41.58	0.51	41.34	0.57
消费	842.01	346.24	289.34	56.90	0.85	56.47	0.75	19.35	0.24
储蓄	140.54	87.36	99.57	-12.21	-0.18	-16.98	-0.20	25.82	0.95
2006 年 $\ln I$	6.75	0.19	0.05	0.14	2.14	0.17	2.46	0.14	2.31
$\ln C$	6.67	0.07	0.02	0.05	0.79	0.04	0.64	0.01	0.01
$\mathrm{Ln}(I+S/C)$	0.12	0.12	0.03	0.09	1.86	0.14	2.51	0.14	2.76
2009 年 $\ln I$	6.75	0.35	0.27	0.08	1.20	0.07.	0.91	0.04	0.61
$\ln C$	6.67	0.31	0.22	0.09	1.82	0.07	1.21	0.03	0.52
$\mathrm{Ln}(I+S/C)$	0.12	0.05	0.06	-0.01	-0.02	-0.01	-0.08	0.02	0.31
总样本									

续表

	受援家庭 2004年均值	援助带来的收获	非援助家庭的收获	简单DD	t值	PS加权DD	t值	核匹配DD	t值
2006年收入(I)	991.06	275.29	66.54	208.75	3.57	219.65	3.34	195.34	3.21
消费(C)	844.69	100.33	79.63	20.70	0.61	-148.64	-1.26	-191.36	-1.53
储蓄(S)	146.27	175.11	-13.16	188.27	3.48	372.01	3.82	394.01	3.82
2009年收入	991.06	405.64	364.13	41.51	0.55	-48.64	-0.45	-44.68	-0.36
消费	844.69	289.21	267.25	21.96	0.39	37.36	0.66	26.37	0.45
储蓄	146.27	116.26	97.33	18.93	0.34	-85.67	-0.76	-70.69	-0.53
2006年ln$I$	6.79	0.25	0.06	0.19	3.51	0.19	3.58	0.17	3.33
ln$C$	6.68	0.09	0.03	0.06	1.46	-0.05	-0.65	-0.09	-0.11
Ln($I+S/C$)	0.11	0.14	0.03	0.11	2.89	0.23	3.66	0.26	3.87
2009年ln$I$	6.79	0.32	0.24	0.08	1.38	-0.01	-0.01	-0.01	-0.12
ln$C$	6.68	0.23	0.19	0.04	0.78	0.02	0.41	0.01	0.13
Ln($I+S/C$)	0.11	0.09	0.05	0.04	0.11	-0.03	-0.33	-0.00	-0.20

注：所有计算由家庭规模加权，核匹配的t值通过bootstrap获得（重复100次），加权DD估计的标准差对于异质性和系列相关来说是稳健的。总样本中，受援家庭110个，比较家庭90个。调整样本中，受援家庭70个，比较家庭60个。

表3.5　　　　　　　　　家庭畜牧饲养对于收入的影响　　　　　　　　　单位:元

收入或成本	受援家庭2004年均值	援助带来的收获	非援助家庭的收获	简单DD	t值	PS加权DD	t值	核匹配DD	t值
2006年总收入	328.12	109.38	35.46	73.71	2.41	102.68	2.86	120.36	2.58
总成本	193.76	-17.58	1.87	-19.45	-0.95	-19.64	-0.87	-19.87	-0.85
畜牧净收入	134.36	126.96	33.59	93.37	3.11	119.34	3.53	138.59	3.64
现金收入	140.25	13.67	1.69	11.98	0.74	15.23	0.91	-3.38	-0.77
实物收入	-5.89	113.29	31.90	81.39	2.88	104.11	3.11	141.97	2.96
2009年总收入	328.12	198.65	227.35	-28.70	-0.61	-1.59	-0.05	14.68	0.34
总成本	193.76	84.31	123.58	-39.27	-1.34	-38.97	-1.18	-44.35	-1.55
畜牧净收入	134.36	114.34	103.77	10.57	0.33	35.49	0.89	57.31	1.62
现金收入	140.25	104.38	154.24	-49.86	-1.18	-32.54	-0.64	4.12	0.83
实物收入	-5.89	9.96	-50.47	60.43	2.13	68.04	1.93	53.19	1.84

注:所有计算由家规模加权,核匹配 t 值通过 bootstrap 获得(重复100次),加权 DD 估计的标准差对于异质性和系列相关来说是稳健的。调整样本中,受援家庭70个,比较家庭60个。

权,则 DD=113.96 元($t=1.98$);如果匹配,则 DD=98.91 元($t=1.86$)。分解来看,我们发现,种植耕作与家禽饲养几乎可以解释全部长期影响,但只有家禽饲养显著。我们没有在现金收入成分中发现长期而显著的影响。

与2006年的情况相反,政府援助在2009年对消费总量影响不显著,但是,将它们分解为现金与实物后,我们发现了援助对实物消费存在较大影响的迹象,其 DD 估计为 120.43 元($t=3.12$),纠正选择偏差后该估计略有下降,使用 PS 加权时该影响为 76.52 元($t=1.68$)。对实物消费的长期影响可能包括政府援助期间来自家禽实物的消费。

我们还检验了其他变量的影响。为了验证对农业生产率的影响,我们使用单位面积的种植产出和总收入,但是没有发现影响的证据。

我们也没有发现更多对生产性财产和财富的持续影响的证据。一个例外是,存在对渔业的显著影响。2006年人均产渔的 DD 估计是 0.06(t 值=2.87),得分加权估计上升到 0.08($t=4.51$),核匹配值相当($t=4.97$)。2009年影响稍有提高并且统计显著,DD 值为 0.07($t=3.79$),得分加权的值为 0.10($t=5.15$),核匹配值为 0.11($t=4.12$)。

我们发现了援助对孩子支出的显著影响,PS 加权的 DD 估计是 0.083(t 值为 2.52),① 即是说,2006 年对孩子支出增长的 8.3% 归因于政府援助。但是,这一数据到 2009 年下降较大,一致的 DD 估计下降为 0.045($t=1.57$)。支出效应的变化可能反映了这样的事实:其他对孩子的支出减少。即便如此,2009 年非受援家庭对孩子的支出稍小于受援家庭的相应支出,这仍然意味着受援家庭对孩子的培养要早于非受援家庭。

我们还发现了援助对基础设施的正效应,尽管它们一般不是十

---

① 未调整的 DD 估计为 0.051,$t=1.53$;核匹配的 DD 估计为 0.081,$t=2.51$。

分显著。另外，援助对家庭家具的购置影响不大，但电视机是个例外，它表现出了长期的显著影响。

我们再来关注对收入贫困和消费贫困的影响。表3.6（A）部分报告的是对于各类贫困线的收入贫困的影响估计，表3.6（B）部分报告的是消费贫困的相应结果。援助对贫困的影响大体与表3.4的结果一致。对收入贫困率影响的最大值出现在700元的贫困线上。2009年消费贫困影响超过了2006年，消费贫困率在600元的贫困线附近有10个甚至更大的百分点下降。

对于以上所有影响的估计，反事实是援助不存在。这里有一个可供选择的反事实是没有直接参与反贫困项目。为了鉴别这个反事实，我们以没有参加援助的家庭作为分析样本。我们重复以上计算，撇下直接参与其他项目的家庭。平衡检验轻松通过。2006年的影响类似于以上结果，但是，平均收入和消费的长期影响较大。举例来说，2009年对平均收入的影响的DD估计上升至每人127元，尽管我们使用PS加权纠正选择偏差使该值下降为96元。虽然如此，相对于可供选择的反事实而言，该影响仍然不显著区别于0，比如，平均收入的DD估计的 t 值为1.54，PS加权时下降为1.26。

（二）效应中的异质性

我们关注的异质性是家庭成员最初的特点，并依据最初收入和教育来检验效应的差异。当我们以教育分层时，对于任何产出变量来说，得分加权下的二者差异并不明显。但是，当我们用最初的收入分层时，我们发现了一个显著的差异，低收入组的收入是显著的长期增长。当我们考虑收入与教育相互作用时，我们发现，长期收入增长最强劲的是低收入家庭中受教育较好的组，如表3.7所示。我们还发现了这组的资产和住房的显著与长期效应，但是，没有发现对农业生产力有什么影响。不过，我们发现了中位收入以上的家庭生产力增长的一些迹象。

异质性表明，援助的不同配置将全面地放大效应。相对贫困但受教育较好的家庭组参与率略高一些，项目稍微偏向这些家庭。假

表 3.6　　对贫困的影响：倾向得分加权估计

单位：元

贫困线	受援家庭贫困归宿(2004年)	(A) 收入贫困 2006年				(B) 消费贫困 2006年			
		受援家庭的变化 (1)	比较家庭的变化 (2)	二重差分 (1)-(2)	t值	受援家庭贫困归宿(2004年)	受援家庭的变化 (1)	比较家庭的变化 (2)	二重差分 (1)-(2)	t值
500	15.34	-6.77	1.06	-7.83	-2.54	19.11	-3.02	6.24	-9.26	-1.84
600	23.57	-7.98	-1.97	-6.01	-1.35	30.12	0.09	5.67	-5.58	-0.97
700	37.98	-13.57	1.53	-15.10	-3.13	42.23	1.34	1.25	0.09	0.01
800	48.65	-16.34	-4.68	-11.66	-1.77	58.15	-5.68	-2.14	-3.54	-0.49
900	56.34	-15.67	-5.10	-10.57	-1.82	68.38	-5.99	-0.87	-5.12	-0.88
1000	64.37	-13.11	-3.87	-9.24	-1.61	76.59	-6.25	-4.97	-1.28	-0.37
1100	69.87	-11.02	1.75	-12.77	-2.56	81.34	-5.01	-6.03	1.02	0.20
1200	73.68	-10.05	2.57	-12.62	-2.93	85.29	-5.27	-3.98	-1.29	-0.41

续表

贫困线	受援家庭贫困归宿（2004年）	受援家庭的变化(1)	比较家庭的变化(2)	二重差分(1)-(2)	t值	受援家庭贫困归宿（2004年）	受援家庭的变化(1)	比较家庭的变化(2)	二重差分(1)-(2)	t值
		(A)收入贫困 2009年					(B)消费贫困 2009年			
500	15.34	-8.27	-5.37	-2.90	-0.91	19.11	-12.01	-3.98	-8.03	-1.64
600	23.57	-13.12	-7.02	-6.10	-0.97	30.12	-17.32	-8.13	-9.19	-1.71
700	37.98	-20.11	-11.97	-8.14	-1.11	42.23	-19.11	-13.54	-5.57	-0.89
800	48.65	-25.38	-20.14	-5.24	-0.71	58.15	-24.03	-18.98	-5.05	-0.63
900	56.34	-27.23	-23.07	-4.16	-0.52	68.38	-25.12	-22.64	-2.48	-0.31
1000	64.37	-29.17	-24.12	-5.05	-0.63	76.59	-26.75	-23.17	-3.58	-0.58
1100	69.87	-28.22	-20.44	-7.78	-1.47	81.34	-25.01	-21.65	-3.36	-0.55
1200	73.68	-29.67	-21.87	-7.80	-1.55	85.29	-23.17	-18.09	-5.08	-0.97

注：所有计算由家庭规模加权，标准差对于异质性和系列相关来说是稳健的。调整样本中，受援家庭70个，比较家庭60个。

表 3.7 最初收入和教育分层的影响估计

	接受教育较少的家庭组			接受教育较多的家庭组			加权三重差分 (1)−(2)	t 值
	受援家庭均值 2004 年	加权 DD 估计 (1)	t 值	受援家庭均值 2004 年	加权 DD 估计 (2)	t 值		
最初收入在中位以下								
2006 年收入	644.27	82.34	1.21	648.67	209.64	2.64	−127.30	−1.53
消费	667.28	−44.34	−0.68	678.35	57.26	0.69	−101.60	−1.35
储蓄	−23.01	126.38	2.34	−29.68	152.38	1.55	−26.00	−0.33
生产性资产	415.47	−59.65	−0.85	312.57	88.26	1.53	−147.91	−1.86
住房价值	504.31	−39.36	−0.22	613.68	175.19	0.11	−214.55	−1.12
2009 年收入	644.27	44.65	0.41	648.67	199.11	2.16	−154.46	−1.18
消费	667.28	98.36	1.25	678.35	220.15	2.57	−121.79	−1.26
储蓄	−23.01	−53.71	−0.68	−29.68	−20.04	−0.36	−33.67	−0.33
生产性资产	415.47	82.14	0.88	312.57	136.17	2.16	−54.03	−0.58
住房价值	504.31	218.25	0.93	613.68	817.59	2.62	−599.34	−2.24

续表

	接受教育较少的家庭组			接受教育较多的家庭组			加权三重差分 (1)-(2)	t值
	受援家庭均值 2004年	加权DD估计 (1)	t值	受援家庭均值 2004年	加权DD估计 (2)	t值		
最初收入在中位以上								
2006年收入	1 466.24	304.15	1.56	1 479.65	175.69	1.28	128.46	0.64
消费	1 062.68	-234.12	-1.31	1 171.13	-9.16	-0.09	-224.96	-0.12
储蓄	403.56	538.27	1.74	308.52	184.85	1.46	353.42	1.52
生产性资产	603.45	-161.78	-1.89	610.27	-35.68	-0.44	-126.10	-1.47
住房价值	851.12	351.23	1.78	1 112.67	62.17	0.37	289.06	1.23
2009年收入	1 466.24	-27.86	-0.21	1 479.65	-56.58	-0.42	28.72	0.22
消费	1 062.68	-25.36	-0.26	1 171.13	-138.67	-1.04	113.31	0.78
储蓄	403.56	-2.50	-0.04	308.52	82.09	0.59	-84.59	-0.45
生产性资产	603.45	121.98	1.34	610.27	-203.47	-1.35	325.45	1.97
住房价值	851.12	435.97	0.98	1 112.67	-701.23	-1.14	1 137.20	1.56

注:加权DD估计的标准差对于异质性和序列相关是稳健的。

如援助选择仅集中于教育较好的贫困者,那么,援助效应将整体上升。

五、溢出效应的影响

正如上文所述,长期效应估计的偏差可能源于溢出效应的冲击。我们的结果对贸易引致溢出效应的观点没有提供更多的支持。对家庭之间贸易溢出观点的否定事实上是我们没有发现对现金收入的显著影响。短期收入所得是实物,并且主要来源于畜牧饲养。既然家庭贸易涉及现金,那么就存在一个推论:因援助而生的贸易影响甚微。

表3.8给出了各种非援助项目活动的结果,流动效应是明显的。受援家庭占一半,非受援家庭的为小部分,这意味着非援助项目的40%或者更高的份额配置给了受援家庭,然后遭到削减,并配置给非受援家庭。如此大的流动效应意味着援助的利益可能溢出到比较组家庭,使我们低估了援助的影响。

表3.8 受援家庭的非援助项目替代效应的检验

	受援家庭均值	非受援家庭均值	差分	t值	PS加权差分	t值	核匹配差分	t值
耕作	0.81	2.40	-1.59	2.56	-1.86	-2.11	-2.06	-2.03
家庭饲养	1.49	4.32	-2.83	-2.15	-3.17	-2.23	-3.27	-1.97
菜园	0.55	1.53	-0.98	-2.64	-1.53	-1.97	-2.36	-1.78
山林	0.35	0.79	-0.44	-2.31	-0.58	-2.18	-0.89	-2.61
儿童教育	0.82	2.38	-1.56	-3.12	-1.81	-2.86	-1.85	-3.01
住房	0.19	0.39	-0.20	-1.93	-0.26	-1.53	-0.28	-1.62
医疗	0.16	0.31	-0.14	-2.15	-0.13	-1.38	-0.06	-0.79
总计	4.37	12.12	7.74	-3.37	-9.34	-2.51	-10.77	-2.11

注:核匹配的 t 值通过bootstrap获得(重复100次),标准差对于异质性和序列相关是稳健的,调整样本中,受援家庭70个,比较家庭60个。

我们的收入效应估计因溢出效应而存在多大的偏差呢？令 $DD^* = DD + SPILL$，这里的 DD^* 为真实效应，这里的 SPILL 为比较组的由溢出效应导致的收入所得。令 I_{SW} 和 I_{NSW} 分别为受援家庭和非受援家庭的人均投资水平，$I_{NSW} = \omega I_{NSW}^T + (1-\omega) I_{NSW}^C$，这里的 ω 为受援家庭的人口份额，I_{NSW}^T 和 I_{NSW}^C 分别为受援家庭和非受援家庭对非援助项目的平均投资。令 $k \equiv I_{NSW}^T / I_{NSW}^C$，并且令 r_{SW} 和 r_{NSW} 分别为援助和非援助项目的投资利润率，我们假定反事实下 $I_{NSW}^T = I_{NSW}^C$，于是，$SPILL = r_{NSW}(I_{NSW}^C - I_{NSW})$，我们可以得到比例偏差：

$$\frac{DD^*}{DD} = 1 + \delta \frac{r_{NSW} I_{NSW}}{r_{SW} I_{SW}}, \text{ 这里的 } \delta = \frac{\omega(1-k)}{1-w(1-k)} \quad (3.7)$$

政府在贫困地区的非援助项目的投资收益率可能略低于援助项目的投资收益率，至少在援助期间是这样，但是，$r_{NSW} = r_{SW}$ 的假定应该是合理的，贫困国家的 1/4 的家庭参与了援助项目，于是，$\omega = 0.25$。基于表 3.8，我们认为 $k = 1/3$ 为合理的下限（注意：DD^*/DD 是 k 的严格减函数），非援助项目下的人均投资水平表现为援助项目的一半，将这些数据放入(3.7)式中，我们得到 $DD^*/DD = 1.20$，即仅有 20%的过高估计。

受援家庭的一些非援助行动有可能被归类到援助行动里，为了检验该错误分类的敏感性，我们作了一个极端的假定即 $I_{NSW}^T = 0$（$k = 0$），然后计算了 DD^*/DD 的一个上限，我们容易从(3.7)式中得到 $DD^*/DD = 1.33$。可见，即使在此上限处，由溢出效应导致的偏差也是适度的。

表 3.8 中的流动检验没有覆盖援助早期。可以想象，一旦外部援助停止，试验组与比较组之间的地方支出平衡将恢复。但是，当援助的流动效应较大时，也不能挤出援助。如果存在源于援助项目的长期所得，并且为地方政府所熟知，那么，积极的流动将被期待，从而对这些所得的鉴别增加了难度。

尽管表 3.8 中使用的数据对于 2009 年是不适用的，我们仍然可以对源于非援助项目的长期效应进行检验，以检测援助是否取代了其他资源。通过这些计算，我们发现，2009 年的非援助项目没有受到明显影响，这意味着其他资源不存在长期流动。

六、结　语

本章研究的是给予农村贫困家庭的政府援助的民生效果评估。通过构建二重差分法，并运用家庭调查数据进行分析，我们发现，短期的收入增长大部分被储蓄起来，长期来看，只有适度的消费增长。我们还发现，不同类别的家庭对于政府援助的反应是不同的，教育程度较高的贫困人口受政府援助的负面影响较小，民生状态较好。政府援助的溢出效应不大，主要结论是稳健的。基于此，我们提出以下政策建议：

首先，必须纠正扶贫过程中加大援助力度就能改善民生的幼稚想法，研究援助的横向效应与纵向影响，并确定援助的最优规模。

其次，优化援助结构，加大对农村教育的投入，为持续改善贫困人口的民生状态奠定基础，并提高援助的整体效率；重点援助家庭畜牧业，尽快给贫困人口带来收入增长，以缓解现时贫困。

参考文献

[1] 都阳，Park，A. 中国的城市贫困：社会救助及其效应[J]. 经济研究，2007(12).

[2] 刘穷志. 公共支出归宿：中国政府公共服务落实到贫困人口手中了吗[J]. 管理世界，2007(4).

[3] 刘穷志. 收入不平等与再分配职能在中央财政与地方财政之间分解[J]. 财贸经济，2011(5).

[4] Alberto, Abadie and Guido Imbens. Large Sample Properties of Matching Estimators for Average Treatment Effects [J]. *Econometrica*, 2006, 74(1): 235-267.

[5] C. Ardington, A. Case and V. Hosegood. Labor Supply Response to Large Social Transfer: Longitudinal Evidence from South African [R]. NBER Working Paper No. 13442, September 2007.

[6] Chen Shaohua, Ren Mu and Martin Ravallion. Are There Lasting Impacts of Aid to Poor Areas? Evidence from Rural China [R].

World Bank Policy Research Working Paper 4084, 2006.

[7] R. Crump, J. Hotz, G. Imbens and O. Mitnik. Moving the Goalposts: Addressing Limited Overlap in Estimation of Average Treatment Effects by Changing the Estimand [R]. unpublished manuscript, UC Berkeley, 2006.

[8] Emmanuel Skoufias and Vincenzo di Maro. Conditional Cash Transfers, Adult Work Incentives, and Poverty [R]. World Bank Policy Research Working Paper 3973, August 2006.

[9] Heckman, James and Petra Todd. Adapting Propensity Score Matching and Selection Model to Choice-Based Samples [R]. Working Paper, Department of Economics, University of Chicago, 1995.

[10] J. Heckman, H. Ichimura, J. Smith and P. Todd. Characterizing Selection Bias using Experimental Data [J]. *Econometrica*, 1998, 66: 1017-1099.

[11] Hirano, Keisuke and Guido Imbens. Estimation of Causal Effects using Propensity Score Weighting: An Application to Data on Right Heart Catheterization [J]. *Health Services and Outcomes Research Methodology*, 2002, 2: 259-278.

[12] Hirano, Keisuke, Guido Imbens, and Geert Ridder. Efficient Estimation of Average Treatment Effects Using the Estimated Propensity Score [J]. *Econometrica*, 2003, 71(4): 1161-1189.

[13] Jalan, Jyotsna and Martin Ravallion. Are There Dynamic Gains from a Poor-Area Development Program [J]. *Journal of Public Economics*, 1998, 67, 65-85.

[14] Jalan, Jyotsna and Martin Ravallion. Geographic Poverty Traps? A Micro Model of Consumption Growth in Rural China [J]. *Journal of Applied Econometrics*, 2002, 7(4), 329-346.

[15] Ravallion, Martin and Shaohua Chen. Hidden Impact: Household Saving in Response to a Poor-Area Development Project [J]. *Journal of Public Economics*, 2005, 89: 2183-2204.

[16] L. B. Rawlings and G. M. Rubio. Evaluating the Impact of conditional Cash Transfer Programs [R]. World Bank Policy Research Working Paper 3119, 2003.

[17] Rosenbaum, Paul R. and Donald B. Rubin. The Central Role of the Propensity Score in Observational Studies for Causal Effects [J]. *Biometrika*, 1983, 70: 41-55.

[18] Rosenbaum, Paul R. and Donald B. Rubin. Constructing a Control Group Using Multivariate Matched Sampling Methods that Incorporate the Propensity Score [J]. *American Statistician*, 1985, 39(1): 33-38.

[19] Smith, A. Jeffrey and Petra E. Todd. Does Matching Overcome LaLonde's Critique of Nonexperimental Estimators [J]. *Journal of Econometrics*, 2005, 125: 305-353.

第四章 收入不平等与个人所得税再分配

一、引 言

基于中国日益扩大的居民收入不平等现状,研究者聚焦于个人所得税再分配功能(刘穷志,2003;胡汉军、刘穷志,2009;刘穷志,2011a)。个人所得税再分配功能体现在其累进性(Progressivity)或者累退性(Regressivity)上,前者平抑收入不平等,后者加剧收入不平等。传统财政学认为,个人所得税的再分配可以减少收入不平等。但是,逃税侵蚀了再分配功能(Allingham 和 Sandmo,1972)。在逃税存在的情况下,再分配对可观测收入不平等与实际收入不平等的效应是不同的。这给研究者增添了研究难度。

本章考察个人所得税再分配与收入不平等之间的关系,特别是探讨一下再分配对可观测收入不平等与实际收入不平等的效应之间的差别。本章另一个可能的创新是,使用个人所得税再分配的面板数据,构建并估计若干个再分配变量。该数据分析不同于早前依赖于微观模拟或者一般均衡模型的特定国家归宿研究(Gravelle,1992;Martinez-Vazquez,2008)。

我们注意到,宏观分析具有一些限制,在异质性存在的前提下难以观测个人的反应,或者不能直接估计逃税对于收入不平等的效应。虽然如此,通过验证几个重要的假说,宏观数据给我们提供了检测再分配与收入不平等之间关系的机会。

本章的关键假定是再分配影响可观测收入不平等的效应与影响

真实收入不平等的效应不同,两效应的差距随着逃税程度和对税收的敏感性而扩大。为了检验这一假说,我们使用了总收入、净收入和消费的基尼系数。我们认为,相对于家庭调查表中报告的可支配收入而言,消费额更接近真实收入(Deaton,1997;Milanovic,1999)。我们的经验分析表明,中国个人所得税具有累退性,税收再分配扩大人们报告的总收入不平等和净收入不平等的同时,它对消费不平等的效应显著较小。我们构建的理论表明,再分配扩大真实收入不平等是合理的,特别是在法制不健全从而逃税反应猖獗的情况下更是如此。本章的证据支持了我们的假说,不健全的法制扩大了消费不平等。正如我们的预期,相对于总收入不平等,再分配对净收入不平等产生了更大的效应。

本章还检验了另外两个假说。其一是增长与收入不平等之间的倒 U 关系,即 Kuznets 假说(Kuznets,1955)。结果与假说是一致的。其二是民主制度环境与收入不平等负相关,该假说源于中间投票人理论。我们不能直接检验这一假说,但我们的结论表明,再分配在比较民主的气氛中具有较大的平等化效应。这与刘穷志、王俊杰(2009)和刘穷志(2011b)的观点一致。

本章接下来的结构安排如下,第二部分是理论框架,第三部分是数据描述,第四部分是经验模型与实证结果,最后是结语。

二、理论框架

个人所得税通常对富人(相对于穷人而言)的收入征更大比例,以减少可支配收入的不平等。但是,当政府提高针对他们的再分配时,他们往往采取措施减少其税前收入。减少税前收入的途径或者是减少工作(生产力反应),或者是谎报真实收入(逃税反应)。两类行为反应似乎都能够减少可观测收入的不平等,但是,对真实收入不平等产生了不同的效果。也就是说,尽管我们期望生产力反应在再分配中能够减少真实不平等,但是,逃税反应可能增加富人的真实可支配收入,并且增加真实收入的不平等。

Eissa 和 Liebman(1996)在劳动供给弹性假定下对税收变化引

致的生产力反应的估计是温和的。在不考虑工作努力程度、职业流动和工作重新分配等生产力反应形式的情况下,这种估计是容易理解的,但是,应税收入弹性在与逃税反应结合在一起时却不是估计生产力反应的合适统计量(Chetty,2008)。Gorodnichenko,Martinez和Peter(2008)建议使用消费指标来估计面对税收变化的生产力反应。他们发现,在俄罗斯2001年所得税税率改革后,面对较小的税率,富裕家庭消费略有增长,申报的收入却显著增长(5~10倍于消费增长),造成这种变化的原因是,原来适合低档税率的家庭现在不再适合高档税率征税。Feldstein(1995)还承认,逃税反应在收入分配上更加严重,也就是说,富人对税率的变化更敏感,他们更容易隐瞒自己的收入。如果逃税反应较大,那么,较高和累进的税收对可观测收入不平等的负效应将显著夸大其对真实收入再分配的效应。下面,我们首先建立个人所得税再分配对可观测收入不平等的影响的测度模型,然后建立真实收入不平等效应测度模型。

(一)个人所得税再分配的可观测收入不平等效应

假如人分为两类,r=富人,p=穷人,$Gini_y^0$ 为富人和穷人之间的可观测收入不平等,定义如下:

$$Gini_y^0 = \frac{y_r^0}{y_p^0 + G} = \frac{Y_r^0(1-\tau_r)}{Y_p^0(1-\tau_p) + \theta(\tau_r Y_r^0)} \quad (4.1)$$

这里,Y^0 为观测到的用于申报税收的个人总收入,y^0 为净收入,τ 为平均税率,G 为政府转移支付。为简单起见,我们假定转移支付是专门从富人那里取得且按照比例 $\theta(0 \leqslant \theta < 1)$ 给予穷人的。总收入 Y^0 还可以写成真实收入 Y^* 与隐性收入 Y^H 之差,即 $Y^0 = Y^* - Y^H$。

假定穷人的税率不变,τ_r 就成为税收再分配功能的指示器。Kumar(2008)认为,对于富人来说,税收再分配变化将产生负的生产力反应,即 $\partial Y_r^*/\partial \tau_r < 0$。对于穷人而言,平均税率不发生变化,我们假定穷人无行为反应。假定税率与富人的隐性收入正相关,即 $\partial Y_r^H/\partial \tau_r > 0$(Slemrod,1985;Gorodnichenko,Martinez-Vazquez 和 Peter,2008),那么,$Gini_y^0$ 对 τ_r 的偏导明确为负:

$$\frac{\partial \text{Gini}_y^0}{\partial \tau_r} = \frac{[y_p^0 + G]\left[\frac{\partial Y_r^0}{\partial \tau_r}(1-\tau_r) - Y_r^0\right] - \theta Y_r^0(1-\tau_r)\left[\tau_r \frac{\partial Y_r^0}{\partial \tau_r} + Y_r^0\right]}{(y_p^0 + G)^2}$$

$$= \frac{y_p^0\left[-Y_r^0 + \frac{\partial Y_r^0}{\partial \tau_r}(1-\tau_r)\right] - \theta(Y_r^0)^2}{(y_p^0 + G)^2}$$

$$= \underbrace{-AY_r^0}_{\text{直接效应}<0} + \underbrace{A(1-\tau_r)\frac{\partial Y_r^*}{\partial \tau_r}}_{\text{生产力效应}<0} - \underbrace{A(1-\tau_r)\frac{\partial Y_r^H}{\partial \tau_r}}_{\text{逃税效应}<0} - \underbrace{\frac{\theta(Y_r^0)^2}{(y_p^0 + G)^2}}_{\text{转移支付再分配效应}<0} < 0$$

(4.2)

这里,$A = y_p^0/(y_p^0 + G)^2$。(4.2)式中的第一项表示税收再分配在行为反应、逃税效应和转移支付再分配不存在的情况下对收入不平等的直接效应,负的直接效应源于税收再分配给富人增加了税收负担。(4.2)式表明真实与可观测收入不平等对税收变化的反应是不同的。如果富人隐藏收入,那么,随着税收再分配的增加,他们仅报告收入的较少份额,这将给人一种幻觉即收入再分配变得平等起来。(4.2)式最后一项是对穷人的转移支付产生的收入再分配负效应。如果政府成功地以亲贫或者亲中等收入者的方式征税,那么,富人的高税负必将减少收入不平等。但是,假如转移支付是亲富的,那么,可观测收入不平等的税收再分配效应将是不明确的。高税收再分配对可观测收入不平等的直接负效应因负生产力反应、正逃税反应和亲贫转移支付再分配而增强,由此,我们得到:

命题1:税收再分配越强,可观测收入不平等越弱,反之亦然。

(4.2)式最后一项表明,转移支付在所得税再分配系统中发挥着重要作用。θ越高,所得税平抑收入不平等越有效。民主政治是θ提高的决定因素(Persson和Tabellini,1999;Meltzer和Richard,1981)。由此,我们得到:

命题2:民主政治强化了税收再分配功能在平抑可观测收入不平等中的作用。

(二)个人所得税再分配的真实收入不平等效应

我们定义真实收入不平等 Gini_y^* 为富人实际可支配收入与穷人实际可支配收入的比率：

$$\text{Gini}_y^* = \frac{y_r^*}{y_p^* + G} = \frac{Y_r^0(1-\tau_r) + Y_r^H}{Y_p^0(1-\tau_p) + Y_p^H + \theta \tau_r Y_r^0} \quad (4.3)$$

假如转移支付再分配是亲贫的（$0<\theta<1$），并且真实收入等于报告的可观测的收入与没有报告的隐性收入之和，即 $Y_r^* = Y_r^H + Y_r^0$，那么，在穷人税率 τ_p 和再分配政策 θ 不变的条件下，我们得到真实收入不平等对税收再分配的偏导：

$$\frac{\partial \text{Gini}_y^*}{\partial \tau_r} = \frac{\left[\frac{\partial Y_r^0}{\partial \tau_r}(1-\tau_r) - Y_r^0 + \frac{\partial Y_r^H}{\partial \tau_r}\right] - \frac{y_r^*}{y_p^*+G}\theta\left[\frac{\partial Y_r^0}{\partial \tau_r} + Y_r^0\right]}{y_p^* + G}$$

$$= \frac{\left[\frac{\partial Y_r^*}{\partial \tau_r}(1-\tau_r-I_y^*\theta\tau_r) - (Y_r^*-Y_r^H)(1+I_y^*\theta) + \frac{\partial Y_r^H}{\partial \tau_r}\tau_r(1+I_y^*\theta)\right]}{y_p^* + G}$$

$$= \frac{\frac{\partial Y_r^*}{\partial \tau_r} + (1+I_y^*\theta)\left[Y_r^H(1+\Theta_{H\tau}) - Y_r^*(1+\Theta_{*\tau})\right]}{y_p^* + G} \lessgtr 0$$

$$(4.4)$$

这里，$\Theta_{H\tau}$ 和 $\Theta_{*\tau}$ 分别表示隐性收入和真实收入对于税收变化的弹性。

(4.4)式表明，税收再分配对于真实收入不平等的效应是不确定的。当富人隐性收入份额大且真实收入弹性小于隐性收入弹性时，对富人征重税可能增加实际收入不平等。Gorodnichenko, Martinez 和 Peter(2008)发现，富裕家庭对于俄罗斯2001年所得税税率改革的反应多为税收遵从，少有生产力反应。因此，在类似俄罗斯税制的国家，对于上层收入人群而言，通过降低税率可能减少收入不平等。当我们在典型家庭调查中不能观察真实收入的同时，支出或者消费数额则比报告的收入更接近真实收入，个人更乐意报告他们的消费水平,因为消费水平与个人所得税几乎没什么联系(Lemieux, Fortin 和 Fréchette, 1994)。另外,与消费数据相比,收入数据更容易带来有偏问题,这在发展中国家表现得更加明显(Deaton, 1997)。(4.4)式的含义是,在逃税反应存在的条件下,税收再分配的增加将导致可观测收入不平等比消费不平等减少更多。因此,我们得到:

命题 3:税收再分配对消费不平等的效应小于对可观测收入不平等的效应,但该效应可能为正。

(4.4)式的另一个重要含义是,税收变化对消费不平等的效应与其对可观测收入不平等的效应之间的差别与逃税程度正相关。换句话说,税收再分配对于消费不平等的正效应一般发生在 Y_i^H/Y_i^* 高的地区。既然逃税程度不能在数据中找到,那么我们不能直接检验这个假说。但是,我们可以发现促进 Y_i^H/Y_i^* 增长的可观测因素是否减弱了再分配对于消费不平等的效应。法律体系的脆弱可能是此类因素之一,因为它似乎与 Y_i^H/Y_i^* 的大小正相关。在某种程度上,我们可以估计法律制度的力量,可以预见,税收再分配对于消费不平等的消极效应更容易在法律制度不健全的地区出现。于是,我们得到:

命题 4:税收再分配对于消费不平等的消极效应更容易在法律制度不健全的地区出现。

三、数 据 描 述

(一)收入不平等的测量

我们使用的是《中国统计年鉴》中的 1997—2006 年的省级数据(西藏除外),一共 300 个样本。基于研究目的,基尼系数的计算使用三类收入:总收入、可支配收入和支出或者消费;进行三类收入调整:绝对规模、人均调整和 GDP 调整。于是,我们可以通过地区、年份、收入基础、收入调整来计算基尼系数。为了控制基尼系数度量的差异,我们的估计包含收入基础以及收入调整等哑变量。当然,在认识到哑变量的使用未必能减少估计有偏的同时(Atkinson 和 Brandolini,2001),我们受到了现实收入不平等估计的约束,即最初数据质量差别等对跨省面板研究的限制。

表 4.1 报告的是根据收入定义计算的各时间段的基尼系数的统计特征。可以看出,各类基尼系数均随时间而递增,说明我国收入不平等不断恶化。

表 4.1　不同收入基础的基尼系数平均值的时间趋势

收入基础	1997—1998 年	1999—2000 年	2001—2002 年	2003—2004 年	2005—2006 年
消费	34.682	36.861	37.301	37.854	41.386
	(6.573)	(6.241)	(8.124)	(9.021)	(10.578)
总收入	37.402	39.167	40.210	42.627	42.861
	(11.021)	(12.304)	(7.902)	(10.524)	(12.672)
净收入	28.861	29.047	33.679	34.648	35.934
	(6.204)	(8.249)	(10.389)	(11.205)	(10.527)
总计	33.594	35.210	37.109	38.403	40.013
	(9.214)	(10.579)	(11.860)	(12.340)	(13.987)

注:括号内为标准差。

(二)税收再分配的度量

现存文献中的指标有三种:①法定最高个人所得税税率,②有效再分配(EP)指标,③结构再分配指标。中国省级法定最高税率是相同的,所以,第一种再分配指标不宜作为自变量,因而被排除掉。有效再分配建立在一些收入不平等指标之上,其最简单形式是税后基尼系数与税前基尼系数的比率,它度量的是给定税收的公平分配的程度(Musgrave 和 Thin,1948),该指标后来得到了改进

(Kakwani，1977；Suit，1977)。该指标的计算需要获得税前不平等、税后收入不平等以及税收负担分配信息，这些信息要么难以得到，要么难以进行跨地区比较。更严重的问题是收入不平等和以收入不平等为基础的再分配必须同时决定，这就限制了税收再分配对不平等的直接效应的评估。因此，第二种再分配指标的使用受到很大的限制。

结构再分配指标似乎更适合我们的分析目标。结构再分配指标由 Musgrave 和 Thin(1948)首创，它表示平均与边际率沿着不平等而发生的变化，这种变化在不知道税后不平等的条件下能够识别，从而减少了内生性问题的严重程度。可是，指标的计算需要获得总收入分配信息，而该信息在比较方式与跨地区水平上收集并不容易。另一个问题是数值的选择，因为结构再分配沿着收入分配的变化而变化。

计算结构再分配指标必须获得收入分配不同点上的平均与边际税率。替代实际收入分配，我们使用一省(直辖市或自治区)人均 GDP 的 4 倍作为收入基础，然后，我们将税收一览表信息用于这些收入单位以获得平均与边际税率。税收一览表信息采集了 1997—2006 年的省级数据。由这个程序，我们得到边际率再分配(MRP1)和平均率再分配(ARP1)。

为了获得单一而综合的指标，我们必须对税率与收入水平之间的关系加以线性限制。假定名义税率表中有最高法定边际税率，那么，无论是平均还是边际再分配指标都将随着收入分配的推进而下降。换句话说，税收一览表在收入顶端是少有再分配性的。为了捕捉这个非线性特征，我们以人均 GDP 的 2 倍为收入基础计算 MRP2 和 ARP2。

表 4.2 报告的是四个结构再分配指标的统计特征。为了推断全国趋势，平均值用省级 GDP 份额和全国人口予以加权。结果显示，所有指标都是下降的，中国个人所得税呈现出累退性。与非线性一致，MRP1 和 ARP1 小于 MRP2 和 ARP2，ARP 小于相应的 MRP。

表 4.2　　　　　　不同时期的个人所得税再分配

税收再分配	1997—1998 年	1999—2000 年	2001—2002 年	2003—2004 年	2005—2006 年	总计
MRP1	0.069	0.063	0.059	0.057	0.056	0.060
	(0.051)	(0.050)	(0.047)	(0.041)	(0.037)	(0.049)
MRP2	0.113	0.106	0.093	0.090	0.088	0.098
	(0.092)	(0.086)	(0.071)	(0.065)	(0.071)	(0.078)
ARP1	0.055	0.049	0.043	0.042	0.040	0.046
	(0.044)	(0.038)	(0.034)	(0.029)	(0.025)	(0.036)
ARP2	0.084	0.076	0.065	0.063	0.057	0.069
	(0.074)	(0.061)	(0.056)	(0.053)	(0.049)	(0.058)

注：括号内为标准差。

四、经验模型与实证结果

（一）可观测收入不平等的 OLS 估计

根据上面讨论的理论框架，可观测收入不平等是结构再分配变量及其他控制变量的方程，即：

$$I_{it} = \xi_t + \beta P_{it} + \mu D_{g,it} + \delta Z_{it} + \varphi W_{it} + \varepsilon_{it} \qquad (4.5)$$

这里的 I_{it} 为地区 i 在 t 年的可观测的净收入或者总收入的基尼系数，ξ_t 为年效应，P_{it} 为再分配相关变量，$D_{g,it}$ 为哑变量（当 Gini 系数以总收入为基础时，其值为 1；当 Gini 系数以净收入为基础时，其值为 0），Z_{it} 为控制变量向量，W_{it} 为辅助变量向量（一组收入调整哑变量，用以控制 Gini 的一致性），ε_{it} 为误差项。Z 向量包括二次方程形式的滞后一年的人均 GDP、通胀率、服务业在 GDP 中的份额、工业在 GDP 中的份额，二次方程形式的人均 GDP 用于解释 Kuznets 曲线的存在性，该曲线为非线性形式（倒 U），描述的是收入不平等与人均 GDP 之间的关系。如果存在，那么我们预计一次项为正，二次项为负。服务业和工业占 GDP 份额用于控制 GDP 组成在收入分配中的效应，比如，扩大的服务部门可能有利于富人而不是穷人，从而导致收入不平等恶化。通胀用以解释价格稳定在收入分配中的均衡效应(Bulir, 2001)。β 描述的是再分配对不平等的效应，依据命题 1，其值应该为负。

表 4.3 和表 4.4 报告了 OLS 的估计结果，并且证实了我们的预期。总收入不平等高于净收入不平等。两 GDP 项系数的符号与 Kuznets 假说一致。表 4.4 包括表 4.3 中相同的一套变量。所有再分配指标均对收入不平等存在显著的负效应。也就是说，中国个人所得税再分配扩大了收入不平等。但是，边际效应值较小。

表 4.3　　　　　可观测收入不平等的基础决定

	OLS	IV(a)	IV(b)	均值（标准差）
人均 GDP 的对数	6.109*	15.954***	30.042***	8.501
	(3.401)	(4.509)	(8.572)	(1.504)
人均 GDP 的对数的平方	-0.571***	-1.094***	-1.802***	75.011
	(0.191)	(0.259)	(0.480)	(25.014)
服务业占 GDP 比重	0.202***	-0.060	-0.420***	58.04
	(0.060)	(0.081)	(0.161)	(12.403)
工业占 GDP 比重	-0.251***	-0.341***	-0.341***	33.012
	(0.071)	(0.090)	(0.160)	(7.711)
通胀	0.002	0.002	-0.002	61.835
	(0.002)	(0.002)	(0.003)	(320.150)
总收入基尼系数哑变量	7.103***	6.987***	7.013***	0.420
	(0.641)	(1.001)	(1.701)	
收入调整				
绝对规模	-1.018	2.871**	9.684***	0.322
	(0.677)	(1.419)	(3.017)	
人均调整	6.331***	7.415***	8.102***	0.391
	(0.710)	(1.001)	(1.919)	

续表

	OLS	IV(a)	IV(b)	均值（标准差）
R^2	0.45			
Wild Chi^2		541.241***	175.012***	
Sargan-Hansen J 值			1.102	
Sargan-Hansen p-值			0.311	
被排除工具变量的 F-test		73.312***	28.013***	
被排除工具变量的偏 R^2		0.069	0.046	

注：括号内为标准差。*为10%显著，**为5%显著，***为1%显著。年哑变量包含在所有三个模型中但没有在这里报告。

表4.4　　结构税收再分配与可观测收入不平等

	税收再分配			
	MRP1	MRP1	ARP1	ARP2
均值（标准差）	0.063	0.130	0.056	0.092
	(0.034)	(0.090)	(0.034)	(0.063)
OLS				
税收再分配	−25.203**	−36.024***	−114.021***	−62.012***
	(9.954)	(4.501)	(12.041)	(5.014)
R^2	0.47	0.48	0.52	0.54
IV(a)				
税收再分配	−371.124***	−271.145***	−414.217***	−182.937***
	(55.123)	(53.141)	(53.801)	(26.031)
被排除工具变量的 F-test	75.016***	24.021***	75.151***	65.001***
被排除工具变量的偏 R^2	0.064	0.025	0.075	0.063
IV(b)				
税收再分配	−581.017***	−210.143***	−410.011***	−175.224***
	(69.315)	(20.130)	(28.129)	(12.007)

续表

	税收再分配			
	MRP1	MRP1	ARP1	ARP2
IVs	W_MRP1 & W_MR(4y)	W_ARP2 & W_MR(2y)	W_ARP1 & W_MR(4y)	W_ARP2 & W_MR(3y)
被排除工具变量的 F-test	42.004***	62.140***	149.031***	169.093***
被排除工具变量的偏 R^2	0.090	0.140	0.291	0.269
Sargan-Hansen J 值	1.109	1.826	0.911	0.701
Sargan-Hansen p-值	0.289	0.174	0.341	0.410

注：括号内为标准差。* 为 10% 显著，** 为 5% 显著，*** 为 1% 显著。每个税收再分配指标是分别回归估计的，包含的变量同表 4.3 一样，但仅报告感兴趣的变量。"W_"表示相邻省份相应指标的距离——人口加权平均。y 为省级人均 GDP。

(二) 可观测收入不平等的 IV 估计

我们有理由相信上述 OLS 估计有偏和非一致。理想的估计程序应当使用地区固定效应来解释地区间的异质性，可是，在一些地区的因变量变化有限的条件下，固定效应的使用是有问题的。在某种程度上，地区特征与误差项相关，遗漏的固定效应创造了内生性偏差。内生性偏差的另一种形式根源于这样的事实：结构税收再分配自身是带有相关标准误差的估计参数。假如标准误差具备变量误差(error-in-variables)问题的特征，这就导致一个估计效应中的衰减偏差。最后，内生性偏差可能产生于反向因果关系。大量文献(Meltzer 和 Richard, 1981; Persson 和 Tabellini, 1999)表明，收入不平等与税收之间存在反向因果关系。而且不少检验收入不平等对经济增长的效应的经验分析主张，不平等影响增长是通过其影响税收和再分配而发生的(Perotti, 1992; Persson 和 Tabellini, 1994; Barro, 2000; Milanovic, 2000)。基于中间投票人假说，一般的主张是，随着中间收入占平均收入的比例的下降(即不平等增加)，中间投票人将投票赞成高税收和更多的再分配。因此，更大的收入不平等会导致更大的税收再分配，这种反向因果关系意味着 β 的 OLS 估计向上有偏。

三类内生性（遗漏变量、测量误差及反向因果关系）可能使税收再分配对于可观测收入不平等的效应发生偏离，为了解释再分配度量的内生性，我们依靠税收竞争模型、使用相邻地区相应税收变量来创造工具变量。我们使用相邻地区税收（再分配）指标的距离和人口加权平均为每一个再分配指标创造工具变量（Sabirianova Peter，2008），显然，工具变量与（4.5）式中的误差项无关。

表 4.3 的 2 栏和 3 栏报告的是 β 的 2SLS 估计值，IV(a) 使用的是相邻地区有效再分配指标，IV(b) 为相邻地区平均 MRP1 和收入量与四倍的人均 GDP 之比的边际率。所有工具变量都用距离和人口加权。F 值拒绝了工具变量在第一阶段没有解释力的零假设。因为我们在 3 栏中使用了两个工具变量，因此，我们能够使用过度识别的 Sargan-Hansen 检验，表 4.3 中 p 值较大，意味着我们不能拒绝工具变量的正交条件是合意的零假设。两个 IV 估计结果与 1 栏中的 OLS 估计结果在定性上基本相同，最显著的差异是，工具变量估计值较大，表示内生性问题严重。另外，两类 IV 估计下的 Kuznets 曲线都是显著的。

表 4.4 验证了与前面再分配指标结果相同的情形。IV(a) 中的工具变量是相邻地区有效再分配指标，在 IV(b) 中，MRP1 的工具变量为加权 MRP1 和收入量占 4 倍人均 GDP 的边际税率，其他再分配指标的工具变量的选用以此类推，所有工具变量均用距离和人口加权。工具变量的选择由统计有效性检验决定，包括过度识别的 Sargan-Hansen 检验。所有再分配指标对可观测收入不平等均呈现出显著的负效应，而且，不同于 OLS 估计结果，收入不平等效应值是大的。这些结果表明税收再分配在可观测收入不平等中发挥着显著作用。

（三）民主制度环境在收入不平等中的作用

税收再分配对可观测收入不平等的效应确切地表现为负，同时受政府再分配政策影响。亲富人的再分配面对高的税收再分配时可能带来再分配的估计效应小于实际值，于是，我们期望有益于穷人的再分配的环境具备较大的再分配效应，特别地，亲贫政策容易在民主制度环境中执行，民主制度在政治经济中给人们发言权以保障他们的自由与平等。理论上支持的民主与亲贫再分配之间的正相关源于中间投票人假说，遵行这一假说，随着不平等的加剧，中间投票人将投票支持高累进税和较大的有益于穷人的再分配（Meltzer 和 Richard，1981；Persson 和 Tabellini，1999）。既然投票能力需要一些民主程序，那么中间投票人假说意味着民主与亲贫再分配之间存在正向相关，也就是说，政治程序越民主，中间投票人越能对政策制定产生影响，特别地，对于收入不平等分配，更多的民主政治程序与亲贫再分配正相关（Gradstein，Milanovic 和 Ying，2001）。

在公式(4.2)的理论结论和命题2下，我们期待更完全的民主制度环境与更大的亲贫再分配都能强化税收再分配对收入不平等的负效应。为了检验这一假说，我们扩展(4.5)式，使之包含一个税收再分配指标与民主指标的交叉项。基于以上讨论，我们期待交叉项系数为负。根据刘穷志（2007）的研究，我们将农民人均通信支出占全国人均交通支出的比率作为亲贫的国内自由变量，将农民人均通信支出占全国人均通信支出的比率作为亲贫的政治权力变量。

表4.5从四个结构再分配指标报告了民主制度的回归结果。我们只报告了税收再分配、民主制度环境、交互项的估计系数，其他的变量与表4.3的结果相类似，故而没有报告。有趣的是，在结构再分配为0的地区，民主制度对于收入不平等的直接效应与基础决定（见表4.3）的情况不一致，这里是从0到正不等。一致的是，再分配对于可观测收入不平等的负效应由于民主制度而强化。结果显示，将再分配作为收入平等化的手段在亲贫再分配少的环境下可能并不是最好的政策，也就是说，收入再分配公平化仅靠税收再分配是不够的，还必须创造亲贫的自由氛围，倾听公众特别是贫困者的声音，在预算支出方面采用亲贫再分配政策。

表 4.5　结构税收再分配、可观测收入基尼系数与民主制度环境

	税收再分配			
	MRP1	MRP1	ARP1	ARP2
税收再分配	145.046***	18.046	40.197	-19.046
	(44.179)	(22.318)	(53.714)	(29.431)
自由环境	0.271	-0.152	0.367	0.071
	(0.462)	(0.375)	(0.401)	(0.358)
税收再分配×自由环境	-29.115***	-8.241**	-23.934***	-7.119
	(7.012)	(3.425)	(8.005)	(4.567)
R^2	0.49	0.51	0.54	0.55
税收再分配	145.624***	56.478**	163.048***	57.105*
	(43.661)	(22.056)	(57.034)	(31.072)
政治权力	0.063	0.029	0.624*	0.291
	(0.371)	(0.287)	(0.325)	(0.312)
税收再分配×政治权力	-27.043***	-12.978***	-44.562***	-19.247***
	(6.534)	(3.134)	(8.536)	(4.675)
R^2	0.49	0.52	0.55	0.56

注：括号内为标准差。* 为 10% 显著，** 为 5% 显著，*** 为 1% 显著。除民主变量及其交互项以外，所有变量与表 4.3 相同。

（四）税收再分配对于消费不平等的效应

理论框架的主要预期之一是再分配的变化对于真实收入不平等与可观测收入不平等的影响是不同的，这一理论结果非常重要，因为它表明理论上平抑收入不平等的政策可能实际上恶化收入不平等。同样的，那些看似恶化收入再分配的政策可能实际上使收入分配更公平。根据我们的理论框架，基于税收变化的真实不平等效应与可观测不平等效应的差距随着未报告收入份额的增加而增大。

检验这一假说的困难是无法获得真实收入不平等指标。该指标需要个人向调查人员报告其可支出收入，但这是不可能的。个人常常向税收当局少报其收入，而且，由于害怕被抓到或者惩罚，他们

常常对调研人员也是少报。为了测量真实收入不平等，我们只能转而依靠以支出或者消费为基础的基尼系数作为真实收入不平等的替代指标。这种做法的逻辑是，个人一般不会将其消费与个人所得税责任联系起来，因此，我们假定人们向调研员报告的消费水平比他们报告的收入更接近真实收入，二者均大于征税时报告的收入。基于这一假定，税收再分配对于以消费为收入基础的基尼系数的估计效应将比真实收入不平等效应小幅扩大。

但是，一个更严重的问题是，以消费为收入基础的基尼系数在不同类型的地区之间存在系统差别，比如，富裕与中上等收入地区不是以消费为收入基础的基尼系数的代表，而低收入地区和中低收入地区则足以代表它。这就意味着不考虑选择问题的任何税收再分配的效应可能纯属虚构。为了纠正样本选择问题，借鉴 Duncan 和 Peter(2008)的研究，我们使用下面的程序构建样本概率权重。

首先，我们将某年所有地区按人口划分为三组，并按人均 GDP 划分为四组，这样，一共得到 12 个人口-GDP 单元(3×4)，然后，我们计算某年总人口中的地区数(NPt)，接着，对于每一个收入基础（总收入、净收入和消费），我们在估计样本中（即在某年人口-GDP 单元中）计算地区数(NSt)，最后，NSt 与 NPt 的比率就是观察地区包含在估计样本中的概率。比如，1/4 的比率意味着某一单元中仅 25% 的地区包含在某年的估计样本中。我们使用概率的倒数作为概率样本权重。

为了捕获税收再分配对于可观测收入不平等和消费不平等的差别效应，我们重估不同收入基础、带有交互项的基本模型。估计模型定义如下：

$$I_{it} = \alpha + \xi_t + \beta P_{it} + \mu_1 D_{g,it} + \mu_2 D_{n,it} + \lambda_1 P_{it} \cdot D_{g,it} \\ + \lambda_2 P_{it} \cdot D_{n,it} + \delta Z_{it} + \varphi W_{it} + \varepsilon_{it} \quad (4.6)$$

这里，Dg 和 Dn 均为哑变量，当基尼系数基础为总收入或净收入时它们均为 1。Z 和 W 向量包含如同(4.5)式中一样的一套变量。依命题 3，我们期待两个 λ 均为负。β 的符号是不清晰的，因为它依赖于逃税范围和对税收变化的反应。

模型对每一个再分配指标分别回归估计，表 4.6 报告的是考虑与不考虑概率样本权重的 OLS 估计结果。既然 OLS 估计有偏,我们采用的工具变量仍然为相邻地区相应再分配指标的距离和人口加权平均,并以它与基尼系数的收入基础作为交互项。Shea 偏 R^2 值较大,表明工具变量不弱。对交互项的测试支持我们的假说:税收再分配对于消费不平等和可观测收入不平等效应是不同的。交互项的估计系数 λ 为负,并且都表现出统计显著。

表 4.6 税收再分配对消费不平等和可观测收入不平等的差别

	税收再分配			
	MRP1	MRP1	ARP1	ARP2
	面板 A:OLS 估计(无加权)			
税收再分配	53.105***	2.317	−20.724	−33.472***
	(19.248)	(9.241)	(22.937)	(11.876)
税收再分配×总收入	−47.348**	−21.579**	−51.976***	−14.972
	(21.734)	(10.876)	(23.434)	(11.270)
税收再分配×净收入	−94.348***	−47.641***	−121.579***	−39.176***
	(21.736)	(11.678)	(27.946)	(12.431)
基尼系数收入基础				
总收入	11.047***	10.987***	11.004***	9.648***
	(1.348)	(1.248)	(1.256)	(1.153)
净收入	6.897***	6.348***	6.538***	4.937***
	(1.486)	(1.246)	(1.534)	(1.251)
R^2	0.43	0.44	0.46	0.49
	面板 B:OLS 估计(概率样本加权)			
税收再分配	50.138**	5.348	−8.349	−26.137**
	(21.057)	(9.678)	(26.167)	(13.578)
税收再分配×总收入	−40.279*	−22.676**	−58.379**	−22.672*
	(24.976)	(9.348)	(26.761)	(13.579)

续表

	税收再分配			
	MRP1	MRP1	ARP1	ARP2
税收再分配×净收入	-93.224***	-48.634***	-114.357***	-38.648***
	(22.348)	(11.678)	(25.678)	(11.573)
基尼系数收入基础				
总收入	11.675***	11.567***	11.597***	10.678***
	(1.304)	(1.287)	(1.298)	(1.186)
净收入	7.634***	6.834***	7.246***	5.634***
	(1.238)	(1.120)	(1.147)	(1.134)
R^2	0.49	0.51	0.53	0.54
面板C：工具变量估计（概率样本加权）				
税收再分配	-95.246	-167.348***	-204.678***	-119.675***
	(71.389)	(54.349)	(54.647)	(25.437)
税收再分配×总收入	-240.678***	-27.394	-75.684	-15.676
	(70.684)	(39.648)	(51.387)	(25.610)
税收再分配×净收入	-308.341***	-128.634***	-181.060***	-69.114***
	(72.616)	(40.315)	(50.121)	(23.156)
基尼系数收入基础				
总收入	18.334***	8.551***	10.022***	9.356***
	(3.224)	(3.441)	(2.834)	(1.995)
净收入	15.332***	13.687***	10.214***	9.664***
	(3.004)	(3.241)	(2.001)	(1.511)
Shea 偏 R^2（一阶段）				
税收再分配	0.170	0.112	0.268	0.267
税收再分配×总收入	0.255	0.263	0.411	0.321
税收再分配×净收入	0.201	0.214	0.392	0.387

注：括号内为标准差。* 为10%显著，** 为5%显著，*** 为1%显著。所有变量与表4.3相同。工具变量为相邻地区相应税收再分配指标的人口和距离加权平均及其与基尼系数收入基础的交互项。模型刚好识别。

在前面，我们认为逃税能够解释税收再分配对可观测收入的效应与对由消费近似表示的实际收入的效应的差别，因此，我们预期两效应的差距随着经济中隐性收入份额的增长而扩大。也就是说，如果经济 A 具有唯一税收再分配但比经济 B 更低的逃税归宿，那么它将通过税收再分配更有效地减少收入不平等。

尽管我们不能测度逃税程度，但我们能够合理地推断：弱的法律制度和低效的法律执行行动必定与逃税行为是高度相关的（Allingham 和 Sandmo，1972；Alm，1999；Alm 和 McKee，2006；Slemrod，2007）。因此，我们能够预测，在法制环境较好的地区，税收再分配在减少消费不平等方面将产生较大的影响。我们以消费基尼系数为因变量，并使用税收再分配与法制环境指数的交互项，检验了命题 4。

表 4.7 报告的是下列模型的估计结果：

$$I_{it} = \alpha + \xi_t + \beta P_{it} + \sigma L_{it} + \pi P_{it} L_{it} + \delta Z_{it} + \varphi W_{it} + \varepsilon_{it} \quad (4.7)$$

这里，L_{it} 为 i 地区 j 年法制环境变量，我们以地区经济犯罪案件数与人口总数之比的倒数表示，L 越大（小），表示法制环境越好（差）。我们用 OLS 和 IV 对模型进行估计，使用相邻地区相应税收再分配的距离和人口加权平均以及法制环境变量的交互项为工具变量。

表 4.7 税收再分配和法制环境对消费不平等的影响

	税收再分配			
	MRP1	MRP2	ARP1	ARP2
面板 A：OLS 估计（概率样本加权）				
税收再分配	124.354**	70.658**	219.147***	93.131**
	(56.278)	(28.034)	(71.304)	(41.015)
法制环境	-0.079	0.026	0.581	0.011
	(1.018)	(0.853)	(0.983)	(0.864)
税收再分配×法制环境	-22.014	-17.013*	-57.655***	-28.225***
	(17.301)	(8.004)	(20.001)	(9.334)
R^2	0.31	0.30	0.31	0.30

续表

	税收再分配			
	MRP1	MRP2	ARP1	ARP2
面板 B：工具变量估计（概率样本加权）				
税收再分配	374.223***	350.249***	665.348***	403.228*
	(97.246)	(98.049)	(180.734)	(215.076)
法制环境	1.081	2.301	2.654**	2.117*
	(1.422)	(1.673)	(1.308)	(1.204)
税收再分配×法制环境	−54.764**	−65.276***	−146.228***	−95.346***
	(24.668)	(22.304)	(38.276)	(36.148)
Shea 偏 R^2（一阶段）				
税收再分配	0.283	0.172	0.273	0.117
税收再分配×法制环境	0.293	0.211	0.324	0.261

注：括号内为标准差。* 为 10% 显著，** 为 5% 显著，*** 为 1% 显著。所有变量与表 4.3 相同。工具变量为相邻地区相应税收再分配指标的人口和距离加权平均及其与法制环境的交互项。模型刚好识别。

表 4.7 报告的结果与我们的预期高度一致。我们注意到，β 的估计值为正，并且对于所有税收再分配指标来说具有显著意义，其值很大。结果表明，税收再分配与消费不平等之间的正相关是存在的，尤其是在制度不健全的地区更是如此。交互项的系数均为负，支持了税收再分配在不利于逃税的环境中最具有平等化效应的假说。

五、结　语

在本章，我们构建了一个理论框架，它包括四个关于税收再分配指标与收入不平等的可验证的假说。弱的税收再分配增加可观测收入不平等（命题 1），并且该效应受再分配环境影响（命题 2）。我们还得知，税收再分配对于可观测收入不平等与实际收入不平等的效应是不同的（命题 3），而且两效应的差别与逃税行为的范围正相关（命题 4）。

使用中国省级数据，我们检验了以上四个假说。正如我们所预期的，个人所得税再分配增加了总收入与净收入的可观测不平等，该负效应在民主制度环境较好的地区得到缓解。同时，我们发现了税收再分配对于真实收入不平等（由消费基尼系数近似表示）存在显著较小的负效应，还确认了税收再分配对于消费不平等的效应可能为正，特别是在法制环境差的地区更是如此。据此，我们提出如下政策建议：

(1)加大对富人个人所得税的征管，提高个人所得税的累进性，扭转收入不平等恶化的趋势。

(2)加强民主制度建设，尊重与倾听贫困者的声音，减少对中低收入者的税负，促进收入公平分配。

(3)健全法制，打击逃税行为，增大纳税人的逃税成本，迫使其报告真实收入，增加税负公平，促进各阶层公平负担税收。

参考文献

[1] 胡汉军，刘穷志. 我国财政政策对于城乡居民收入不平等的再分配效应研究[J]. 中国软科学，2009(9).

[2] 刘穷志. 单一税可行性分析[J]. 财政研究，2002(3).

[3] 刘穷志. 公共支出归宿：中国政府公共服务落实到贫困人口手中了吗[J]. 管理世界，2007(4).

[4] 刘穷志，王俊杰. Income Inequality and Tax Redistribution: Mutual Incentive and Its Political Economy[R]. 2009 公共经济与管理国际会议，2009.

[5] 刘穷志. 收入不平等与再分配职能在中央财政与地方财政之间分解[J]. 财贸经济，2011a(5).

[6] 刘穷志. 收入不平等、政策偏向与最优财政再分配政策[J]. 中南财经政法大学学报，2011b(2).

[7] M. G. Allingham and A. Sandmo. Income Tax Evasion: A Theoretical Analysis[J] Journal of Public Economics, 1972, 1: 323-338.

[8] Alm, James. Tax Compliance and Administration//Bartley Hildreth,

James Richardson. *Handbook on Taxation*, New York: Marcel Dekker, 1999: 741-768.

[9] Alm, James and Michael McKee. Audit Certainty, Audit Productivity, and Taxpayer Compliance[J]. *National Tax Journal*, 2006, 59(4): 801-816.

[10] Allingham, Michael and Agnar Sandmo. Income Tax Evasion: A Theoretical Analysis[J]. *Journal of Public Economics*, 1972, 1(3-4): 323-338.

[11] Atkinson, Anthony and Andrea Brandolini. Promise and Pitfalls in the Use of Secondary Data-Sets: Income Inequality in OECD Countries as a Case Study[J]. *Journal of Economic Literature*, 2001, 39(3): 771-799.

[12] Barro, Robert. Inequality and Growth in a Panel of Countries[J]. *Journal of Economic Growth*, 2000, 5(1): 5-32.

[13] Bulir, Ales. Income Inequality: Does Inflation Matter[J]. *IMF Staff Papers*, 2001, 48(1): 139-159.

[14] Chetty, Raj. Is the Taxable Income Elasticity Sufficient to Calculate Deadweight Loss? The Implications of Evasion and Avoidance[R]. NBER Working Paper Series, No. 13844, 2008.

[15] Deaton, Angus. *The Analysis of Household Surveys: A Microeconometric Approach to Development Policy*[M]. The John Hopkins University Press, Baltimore, 1997.

[16] Duncan and Peter. Tax Progressivity and Income Inequality[R]. Working Paper, 2008.

[17] Eissa, Nada and Jeffrey B. Liebman. Labor Supply Response to the Earned Income Tax Credit[J]. *Quarterly Journal of Economics*, 1996, 111(2): 605-637.

[18] Feldstein, Martin. The Effect of Marginal Tax Rates on Taxable Income: A Panel Study of the 1986 Tax Reform Act[J]. *Journal of Political Economy*, 1995, 103(3): 551-572.

[19] Gorodnichenko, Yuriy, Jorge Martinez-Vazquez and Klara Sabirianova Peter. Myth and Reality of Flat Tax Reform: Micro Estimates of Tax Evasion Response and Welfare Effects in Russia [R]. NBER Working Paper Series, No. 13719, 2008.

[20] Gradstein, Mark, Branko Milanovic and Yvonne Ying. Democracy and Income Inequality: An Empirical Analysis[R]. World Bank Policy Research Working Paper Series, No. 2561, 2001.

[21] Gravelle, Jane. Equity Effects of the Tax Reform Act of 1986[J]. *Journal of Economic Perspectives*, 1992, 6(1): 27-44.

[22] Kakwani, Nanak. Measurement of Tax Progressivity: An International Comparison[J]. *Economic Journal*, 1977, 87(345): 71-80.

[23] Kumar, Anil. Labor Supply, Deadweight Loss and Tax Reform Act of 1986: A Nonparametric Evaluation Using Panel Data[J]. *Journal of Public Economics*, 2008, 92(1-2): 236-253.

[24] Kuznets, Simon. Economic Growth and Income Inequality [J]. *American Economic Review*, 1955, 45(1): 1-28.

[25] Lemieux, Thomas, Bernard Fortin and Pierre Frechette. The Effect of Taxes on Labor Supply in the Underground Economy[J]. *American Economic Review*, 1994, 84(1): 231-254.

[26] Martinez-Vazquez, Jorge. The Impact of Budgets on the Poor: Tax and Expenditure Benefit Incidence Analysis[A]//Blanca Moreno-Dodson, Quentin Wodon. *Public Finance for Poverty Reduction* [C]. Washington, D. C. : World Bank, 2008.

[27] Meltzer, Allan and Scott Richard. A Rational Theory of the Size of Government[J]. *Journal of Political Economy*, 1981, 89(51): 914-927.

[28] Milanovic, Branko. Explaining the Increase in Inequality during Transition[J]. *Economics of Transition*, 1999, 7(2): 299-341.

[29] Milanovic, Branko. The Median-Voter Hypothesis, Income Inequality, and Income Redistribution: An Empirical Test with the Required

Data[J]. *European Journal of Political Economy*, 2000, 16(3): 367-410.

[30] Mirrlees, James. An Exploration in the Theory of Optimum Taxation [J]. *Review of Economic Studies*, 1971, 38(2): 175-208.

[31] Musgrave Richard and Tun Thin. Income Tax Progression, 1929-1948 [J]. *Journal of Political Economy*, 1948, 56(6): 498-514.

[32] Perotti, Roberto. Income Distribution, Politics, and Growth [J]. *American Economic Review*, 1992, 82(2): 311-316.

[33] Persson, Torsten and Guido Tabellini. Is Inequality Harmful for Growth [J]. *American Economic Review*, 1994, 84(3): 600-621.

[34] Persson, Torsten and Guido Tabellini. Political Economics and Public Finance [R]. NBER Working Paper, No. 7097, 1999.

[35] Ramsey, Frank. A Contribution to the Theory of Taxation [J]. *Economic Journal*, 1927, 37(145): 47-61.

[36] Sabirianova Peter, Klara. Income Tax Flattening: Does It Help to Reduce the Shadow Economy [R]. Andrew Young School of Policy Studies Research Paper Series, No. 08-09, February 2008.

[37] Slemrod, Joel. An Empirical Test for Tax Evasion [J]. *Review of Economics and Statistics*, 1985, 67(2): 232-238.

[38] Slemrod, Joel. Cheating Ourselves: The Economics of Tax Evasion [J]. *Journal of Economic Perspectives*, 2007, 21(1): 25-48.

[39] Suit, Daniel. Measurement of Tax Progressivity [J]. *American Economic Review*, 1977, 67(4): 747-752.

第五章　间接税归宿的累退性与居民收入不平等

一、引　言

随着我国居民收入不平等的加剧以及和谐社会建设战略的提出，人们越来越关注直接税对收入不平等的抑制作用，这与直接税对收入不平等的直接调节功能密切相关。但是，在中国，直接税毕竟是非主体税类，直接税的调节力度受到质疑。相反，间接税（增值税、消费税、营业税和关税）为我国的主体税类，虽然它对收入不平等的影响没有直接税那样直接，但其再分配力度不可小视，因而，研究间接税归宿的累进（退）性及其收入再分配效应具有重要的理论与现实意义。

刘怡和聂海峰（2004）利用广东省的城市家庭数据对广东省间接税的收入分配效应进行了研究，他们的结论是，低收入家庭负担增值税和消费税的比例高于高收入家庭即增值税和消费税具有累退性，但高收入家庭负担的营业税的比例高于低收入家庭即营业税具有累进性；间接税归宿恶化了收入不平等，但不显著。他们使用的方法是基于 suit 指数的集中曲线，但这些曲线的标准差是难以计算的（Davidson 和 Duclos，1997），事实上，他们没有计算出集中曲线的标准差，也没有计算出间接税再分配效应的差异。聂海峰和刘怡（2010）在他们前期成果的基础上，基于投入产出表，估计了城镇居民间接税负担，结论是，间接税均具有累退性。两次研究的结论略有不同，除了所用样本数据不同的原因外，实证技术的选择不同也是不可忽视的原因。更重要的是，两次研究均没有估算出间接税累进(退)性的大小,也没有计算出间接税收入再分配效应的数量差异,并且缺乏理论模型的支撑。除这两篇文献外,国内其他相关实证研究文献极少。

国外对发展中国家的相关研究也并不多见,但呈现出越来越多的趋势。在 20 世纪 80 年代,Sah(1983)就间接税归宿做了大量开创性的工作,并认为间接税的再分配职能十分有限。Ahmad 和 Stern(1984)利用印度和巴基斯坦 1979—1980 年的数据,运用反不平等的社会福利函数进行研究发现,谷物、燃料和电力的间接税相对于服装的间接税更不可取。进入 90 年代,Ahmad 和 Stern(1991)利用边际分析方法比较了直接税与间接税的再分配效应,他们发现,通过收入课税比通过谷物课税更能得到收入的额外增加,并且进口税是最具有吸引力的间接税形式。Jha(1998)明确承认了间接税的再分配性质,Gibson(1998)则讨论了增值税对消费者福利的影响。Gibson 尝试了多种分析技术,每一种商品的"分配特征"定义为测量穷人在该商品的消费量中的比重。他发现,在消费税消除现有偏离的同时,增值税通过对绩优商品(如财政服务)的免除(这些免除少有惠及穷人)带来了新的不平等。Scutella(1999)借助投入产出矩阵与一般均衡方法,分析了澳大利亚间接税的最终归宿,但没能研究间接税归宿的收入再分配效应。进入 21 世纪,福利优势概念被引入间接税的归宿分析,Chen,Matovu 和 Reinikka(2001)利用乌干达联合家庭调查的消费数据进行了间接税归宿的福利优势分析,他们发现,间接税是累进的,以增值税代替消费税不一定会降低穷人的福利。Sahn 和 Younger(2003)对福利优势理论给予了评介,他们指出了实证分析时应该注意的事项。Essama-Nssah(2008)分析了间接税归宿福利优势分析的集中曲线方法以及税收归宿的横向公平与纵向公平效应,研究了集中曲线方法的要求及假定条件。显然,国外的这些研究文献重视实证研究,但仍然没有计算出间接税累进(退)性的大小及其再分配效应的数量差异,也缺乏对基础理论模型的研究。

本章的目标是分析中国间接税归宿的累退性及其收入再分配效应,为此,我们试图从两个方面取得突破:一是构建理论模型,以表达间接税归宿的累进(退)性与居民收入不平等之间的联系,并作为实证分析的基础;二是引入间接税归宿特征指标,并用以判断其再分配效应。本章接下来结构安排是,第二部分构建了间接税收入再分配效应的理论模型;第三部分是实证方法设计,并分析中国间接税再分配制度背景,选取能够用于中国间接税归宿及其再分配效应分析的指标数据;第四部分报告实证结果;第五部分是结语。

二、理论模型

根据 Jha(1998)研究的间接税归宿特征和 Essama-Nssah(2008)研究的间接税反不平等属性,我们假定社会由 H 个人组成($h = 1, \cdots, H$),个人 h 的间接效用函数为 $U^h(p, y^h)$,其中,y^h 为个人 h 的收入,p 为消费者价格向量,社会福利函数为:$U[U^1(p, y^1), \cdots, U^H(p, y^H)]$。政府对不平等的规避程度用函数 $U[\cdot]$ 的凹性表示,凹性越大,不平等越小。设 x_i^h 为个人 h 对商品 x_i 的消费。假定税收收入为 T_0,从量税税率为 t_i。最大化社会福利,我们可以建立函数:

$$\Omega = U[U^1(p, y^1), \cdots, U^H(p, y^H)] + \lambda \left\{ \sum_{i=1}^{n} t_i \left[\sum_{h=1}^{H} x_i^h \right] - T_0 \right\}$$

(5.1)

其一阶条件是:

$$\partial \Omega / \partial p_i = \sum_i \sum_h (\partial U / \partial U^h)(\partial U^h / \partial p_i) + \lambda \left[\sum_i t_i \sum_h (\partial x_i^h / \partial p_i) + \sum_h x_i^h \left(\sum_i \partial t_i / \partial p_i \right) \right] = 0$$

(5.2)

这里,$\partial U^h / \partial p_i = -\alpha^h x_i^h$,$\alpha^h$ 为 h 的边际效用。由于 $\partial t_i / \partial p_i = 1$,$\partial x_i^h / \partial p_i = \partial x_i^h / \partial t_i$,故对于所有商品 i 和 $k(k = 1, \cdots, n)$,(5.2)式可写做:

$$\sum_h (\partial U / \partial U^h) \alpha^h x_k^h = \lambda \left\{ H \bar{x}_k + \sum_i t_i \left[\sum_h \partial x_i^h / \partial t_k \right] \right\} \quad (5.3)$$

这里,$\bar{x}_k = \sum_h x_k^h / H$。$(\partial U / \partial U^h) \alpha^h$(设为 β^h)是个人 h 收入的边际

社会价值。将斯拉茨基(Slusky)方程用于(5.3)式右边第二项,得到:

$$\sum_i t_i \left[\sum_h (\partial x_i^h / \partial t_k) \right] \Big|_{dW=0} \qquad (5.4)$$
$$= -\left\{ H\bar{x}_k - \sum_h \beta^h / \lambda - \sum_i t_i \left[\sum_h x_k^h (\partial x_i^h / \partial y^h) \right] \right\}$$

W 为个人效用函数。为了揭示(5.3)式的经济含义,我们定义:
$\Theta^h = \beta^h / \lambda + \sum_i t_i (\partial x_i^h / \partial y^h)$,该定义式中的第一项为总价值,第二项为边际税收,因此,Θ^h 为净的边际社会价值。将(5.4)式除以 $H\bar{x}_k$ 得:

$$\left\{ \sum_i t_i \sum_h (\partial x_i^h / \partial t_k) \Big|_{dW=0} \right\} / (H\bar{x}_k) = -\left[1 - \sum_h (\Theta^h / H) x_k^h / \bar{x}_k \right]$$
$$(5.5)$$

(5.5)式左边表示,对于所有商品来说,消费沿着补偿需求曲线按比例减少;(5.5)式右边对于不同商品来说意义不同,在补偿需求曲线上需求减少得越少,具有较高的社会边际收入价值的人(穷人)消费的商品越多。也就是说,商品税累进程度越高,居民收入越平等;商品税累退程度越高,居民收入越不平等。

三、实证方法设计与变量选取

1. 方法设计

实证分析间接税归宿的累进(退)性及其收入再分配效应主要解决三个问题,一是归宿数量的确定,二是归宿特征的描述,三是收入不平等指标的估计。

(1)间接税归宿数量

税收归宿可以定义为由于课税而遭受的实际收入的下降(Pearce,1986),因此,借助基本的二元理论,可以测量住户由于税收导致的损失。假定住户的支出函数为 $y = e(p, u)$,即在消费品与服务的给定价格 p 下,以最小的支出获得最大的效用水平 u。那么,税收增加对住户的补偿水平就是在面对税收引起的价格变化的条件下保持一致的效用水平所需要的收入:

$$CV = e(p_1, u^0) - e(p_0, u^0) \qquad (5.6)$$

其中0代表最初状态,1代表税后状态。

显然,如果估计出了住户的支出函数,我们就可以通过(5.6)式计算出补偿变差,并知道税收下降了多少。但是,受统计资料(只知道最初的消费数量和价格)与分析的复杂性(特别是税收改变引起消费者行为变化)所限,对(5.6)式的估计遇到困难。为此,我们回顾谢泼德定理,对于价格p_i的支出函数的导数就是对商品i补偿的需求函数。对(5.6)式进行泰勒展开:

$$CV \approx x_i^c(p^0, u^0)\Delta p_i + \frac{1}{2}\frac{\partial x_i^c(p^0, u^0)}{\partial p_i}\Delta p_i^2 + \cdots \qquad (5.7)$$

其中,$x_i(p^0, u^0)$为补偿需求函数,Δp_i为税收增加引起的价格变化。(5.7)式中的第一项表示支出变化,即在家庭不改变对商品i的需求的情况下,要保持一致的效用水平所承受的变化,这是补偿变差的一阶近似。不过,商品i价格的边际变化的补偿变差仅仅是消费预算的变化,消费预算是保持消费总体一致性所必需的。因此,税收引起的需求行为变化(即(5.7)式中的第二部分)在一阶近似中可以忽略。这样,我们用需求乘以价格变化,就可以作为家庭实际收入损失的估计。也就是说,以税率乘以支出额就是家庭实际收入的损失,此即税额。

(2)间接税累进(退)性

TR累进:$L_X(\rho) - C_T(\rho) > 0, \forall \rho \in [0, 1]$;

TR累退:$L_X(\rho) - C_T(\rho) < 0, \forall \rho \in [0, 1]$。

IR累进:$C_{X-T}(\rho) - L_X(\rho) > 0, \forall \rho \in [0, 1]$;

IR累退:$C_{X-T}(\rho) - L_X(\rho) < 0, \forall \rho \in [0, 1]$。

其中,$L_X(\rho) = \dfrac{\sum_{i=1}^{n} sw_i^k X_i I[X_i \leq Q(k, \rho)]}{\sum_{i=1}^{n} sw_i^k X_i}$,为洛伦兹曲线方程。假

如$X_i \leq Q(k, \rho)$,则$I[X_i \leq Q(k, \rho)] = 1$;其他情况$I$为0。$k$为组变量,$\rho$为积累函数参数,$s$为尺度(size)变量,$w$为样本权重。

$$C_T(\rho) = \dfrac{\sum_{i=1}^{n} sw_i^k T_i I[X_i \leq Q(k, \rho)]}{\sum_{i=1}^{n} sw_i^k T_i}, T为观测变量。$$

(3) 收入不平等

定义组变量 k 的 GINI 系数为 $I(k, 2)$，GINI 系数的社会福利函数为 $\xi(k, 2)$，则：$\hat{I}(k, 2) = \dfrac{\hat{u}(k) - \hat{\xi}(k, 2)}{\hat{u}(k)}$。这里，$\hat{u}(k) = \dfrac{\sum_{i=1}^{n} sw_i^k x_i}{\sum_{i=1}^{n} sw_i^k}$，$\hat{\xi}(k, 2) = \sum_{i=1}^{n} \left[\dfrac{(V_i)^2 - (V_{i+1})^2}{(V_i)^2} \right] x_i$，并且 $V_i = \sum_{h=i}^{n} sw_h^k$，$y_1 \geq y_2 \geq \cdots \geq y_{n-1} \geq y_n$。

2. 变量的选取

无论直接税还是间接税，税收都是政府从私人部门中转移过来的资源量，从而影响收入分配。显然，间接税与直接税一样，具有收入再分配功能。

按照中国现行税制的定义，间接税主要是指流转税类，即增值税、消费税、营业税和关税。考虑到家庭数据没法显示其消费的商品是否为进出口商品，我们不考虑关税，只考虑增值税、消费税和营业税的归宿及其再分配效应：①增值税是对产品的增值额征收的税种，只要生产的产品增值，增值税就得计征，这样，增值税可以在生产的不同阶段征收。但是，统计资料不可能提供中间产品的增值额，因此，无法计算中间产品的增值税。考虑到我们是比较不同家庭群体之间的增值税归宿，当未记录的收入和有记录的收入的比率在不同人群之间一致时，我们最后计算的增值税归宿的差异不会显著受到未记录的收入的影响（Rajemison 和 Younger，2000）。基于此，我们忽略掉中间产品增值税的计算，只考虑对最终产品征收的增值税。增值税部分产品的税率为 13%，为了简化起见，我们统一为 17%。②消费税主要是对利用不可再生资源生产的商品以及对环境有影响的商品等征收的税种，这些商品包括汽油、高级化妆品、贵重首饰、宝石以及汽车等。消费税的课税对象是销售收入，它是在增值税的基础上再征的一道税，因此，我们可以从消费者所购的商品中计算。消费税采取从价定率和从量定额两种征税办法，受资料限制，我们只采取从价定率方式计算。③营业税是以经营活动的营业额为课税对象的税种,为了计算简便,我们不考虑其中的税率调整,对每一课征对象设计一种税率。

统计资料中有的消费商品不够具体,而只是标示为混合商品。税法规定,混合商品和服务(比如教育文化娱乐服务类支出,统计资料没有区分为教育支出、文化支出和娱乐支出)或者混合税种(比如增值税与消费税混在一起)不能分清的,依据高税率计征。但是,为了考察归宿的精确性,我们对不能分清的商品和服务不依据高税率计算。表5.1报告的是本书核定的中国居民家庭消费商品的间接税税率。

表 5.1　　　　家庭消费项目支出及其税率

支出分类	增值税税率	消费税税率	营业税税率
①食物	17%		
其中:烟草类	17%	30%	
酒类	17%	25%	
②衣着	17%		
③家庭设备及服务	17%		
④医疗保健			3%
⑤交通通信			3%
⑥教育文化娱乐服务			5%
⑦居住	17%		
⑧杂项商品及服务	17%		

注:中低收入者吸烟每条<50元,所以采用30%的税率,当然这有可能低估富人的消费额;酒类采用粮食白酒的税率。家庭设备及服务类综合项目采用17%的税率,这是考虑到一般家庭的家庭服务比重比较小,但有可能高估家庭服务多的富人家庭的消费额。教育文化娱乐类综合项目折中按5%的税率计算,因为一般人教育占主要部分(3%),而高收入者娱乐服务也占相当比例(5%~20%),但这有可能低估富人的消费额。

我们的样本来源于省级统计局网站公布的数据,样本期为

2000—2009年。表5.1中居民消费支出资料齐全的只有天津、江苏、浙江、福建以及山东的部分年份，一共采集到样本135个。各变量统计特征见表5.2。

表5.2　　　　　商品税及税前总收入统计特征

	增值税	消费税	营业税	税前总收入
平均值	1 065.289	72.940 74	122.703 7	14 926.30
最大值	3 409.000	302.000 0	518.000 0	66 028.00
最小值	301.000 0	19.000 00	25.000 00	2 311.000
标准差	566.100 6	44.667 05	86.638 56	11 387.37
观察值	135	135	135	135

我们是从支出的角度计算得到的间接税税额，这就解决了两个问题：①税收归宿的转嫁。间接税不同于直接税的显著特点是容易转嫁，在局部均衡模型中，间接税由消费者和厂商根据彼此的弹性分担，因此，从理论上讲，要准确地确定间接税归宿就必须考虑市场的价格体系和结构。但是，Martinez-Vazquez(2008)认为，在经验分析中可以假定直接税归宿于生产要素的所有者，间接税完全归宿于消费者。我们采纳了Martinez-Vazquez的建议。②逃税与避税。中国的间接税是价内税，消费者支付的价格中包含所征收的增值税、消费税和营业税，因此，间接税已经是消费者实际负担的税收，从而忽略并消除了逃税与避税的计算问题。

我们使用的分析软件为DAD4.5，该软件为收入分配分析的专门软件。

四、实 证 结 果

依据家庭收入额和税额，我们估计间接税产生的收入不平等即基尼系数见表5.3，对应的洛伦兹曲线见图5.1。

表 5.3　　　　　间接税税前与税后的基尼系数估计

	估计值	标准误	下限	上限	可信水平
增值税税后收入	0.394 2	0.021 1	0.352 9	0.435 5	95%
消费税税后收入	0.386 6	0.020 7	0.346 1	0.427 1	95%
营业税税后收入	0.386 3	0.020 7	0.345 8	0.426 8	95%
商品税税后收入	0.395 2	0.021 1	0.354 0	0.436 5	95%
税前总收入	0.386 0	0.020 7	0.345 5	0.426 5	95%

从表 5.3 的统计特征看，结果是可信的。表 5.3 中的估计值表明，增值税、消费税、营业税以及三者之和构成的商品税的税后基尼系数均大于税前总收入的基尼系数，这表明，间接税扩大了中国居民收入的不平等，增值税扩大基尼系数的幅度最大即增值税的收入不平等效应最为强烈，消费税次之，营业税最弱。但是，无论哪一类间接税，扩大不平等的幅度都不是很大，这表现为图 5.1 中的几条曲线基本重合。

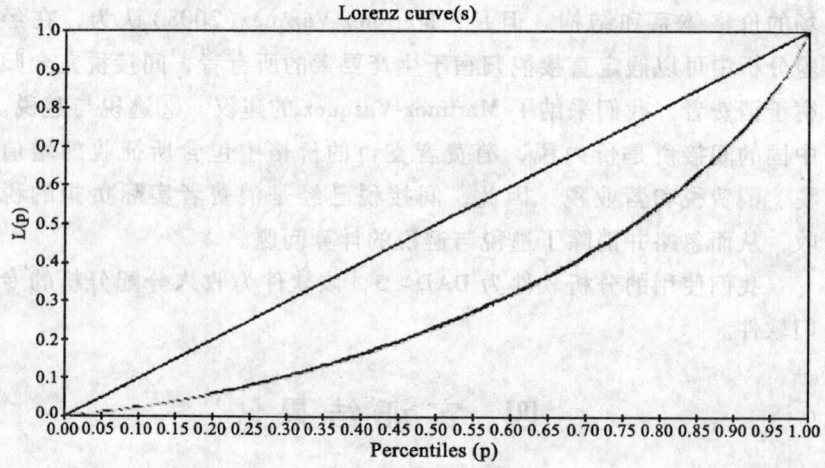

图 5.1　间接税税前与税后的洛伦兹曲线比较

间接税扩大居民基尼系数的原因是间接税的累退性。从表 5.4 可知，间接税的 $Lx(p)-Ct(p)$ 值均为负数，TR 累退。从累退的程度看，消费税最为强烈，增值税次之，营业税最弱。

表 5.4　　　　　　间接税的累退性：**TR 分析**

	$Lx(p)$	$Ct(p)$	$Lx(p)-Ct(p)$	累进性(TR)
增值税	0.233 5	0.302 3	-0.068 8	累退
消费税	0.233 5	0.309 6	-0.076 1	累退
营业税	0.233 5	0.259 8	-0.026 3	累退
商品税	0.233 5	0.298 6	-0.065 1	累退

与表 5.4 对应，图 5.2 显示了 TR 曲线的相对位置。消费税 TR 曲线凹向下，顶端接近横轴，营业税 TR 曲线在图的上部，增值税 TR 曲线介于消费税 TR 曲线和营业税 TR 曲线的中间。

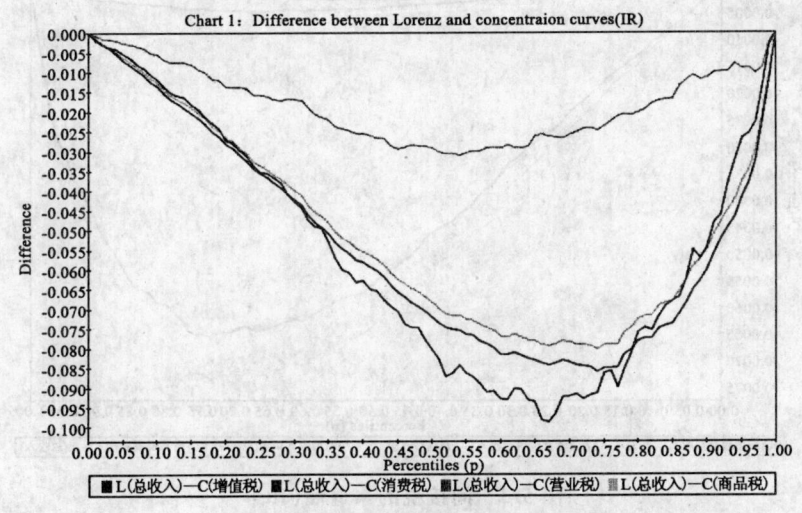

图 5.2　间接税的累退性(TR)

从表 5.5 可知，与 TR 均为负值一样，间接税的 $Cx-t(p)-Lx(p)$

也均为负数，这也就是说，IR 也显示了间接税的累退性。从程度看，增值税最为强烈，消费税次之，营业税最弱。

表 5.5 　　　　　　　间接税的累退性：IR 分析

	$Lx(p)$	$Cx-t(p)$	$Cx-t(p)-Lx(p)$	累进性(IR)
增值税	0.233 5	0.228 4	-0.005 1	累退
消费税	0.233 5	0.233 1	-0.000 4	累退
营业税	0.233 5	0.233 2	-0.000 3	累退
商品税	0.233 5	0.227 7	-0.005 8	累退

与表 5.5 对应，图 5.3 显示了间接税 IR 曲线的相对位置。增值税 IR 曲线凹向下，顶端接近横轴，营业税 IR 曲线位于图的上部，消费税 IR 曲线位于增值税 IR 曲线和营业税 IR 曲线中间。

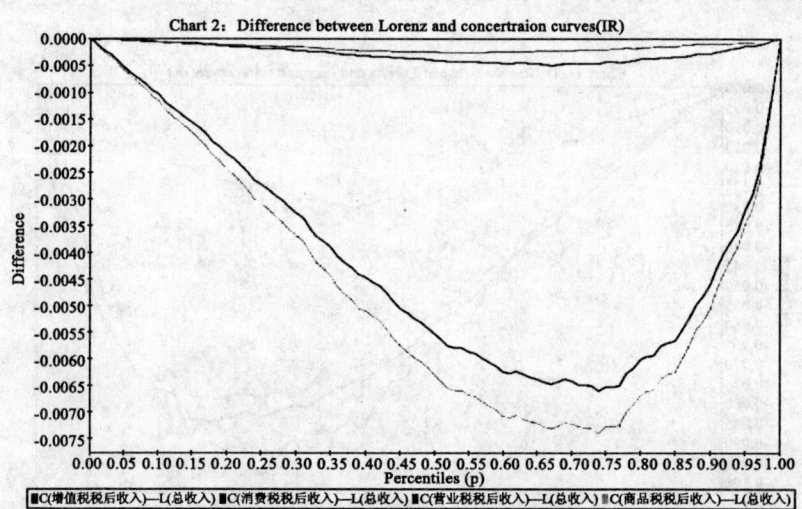

图 5.3　间接税的累退性(IR)

比较 TR 与 IR，我们发现：①两指标均显示了间接税的累退性。这也就稳健地证明，中国间接税恶化了收入不平等，从而验证了理论模型的结论；②间接税的累退程度有所不同。虽然 TR 指标和 IR 指标显示的增值税和消费税累退性程度不一致，但可以肯定的是，增值税与消费税的累退性较强，营业税的累退性较弱。

五、结　语

虽然直接税具有明显的再分配功能，也是政府平抑收入不平等的主要工具，但是，由于间接税为我国税收总额的主要部分，因此，间接税的再分配功能不能忽视。通过构建理论模型，我们发现，间接税具有再分配功能，间接税累进程度越高，居民收入越平等；间接税累退程度越高，居民收入越不平等。运用中国的数据计算的 TR 和 IR 指标表明，中国间接税具有累退性，并且增值税和消费税的累退性较强，营业税累退性稍弱，从而不同程度地恶化了中国居民收入不平等。实证结果验证了理论模型的结论。据此，我们提出以下政策建议：

（1）充分重视间接税的收入再分配功能。主流的财政学观点是，间接税的主要功能是产出与就业，直接税的功能是收入再分配。本章的结论表明，不仅从理论上看间接税具有收入再分配功能，而且中国的实践也表明间接税具有收入再分配功能。在中国，间接税占税收总额的主要部分，其加剧收入不平等的程度不得不受到重视。

（2）调整增值税的税率结构。增值税为我国的主体税种，而且其收入不平等效应较强，对穷人消费的商品要较多地使用 13% 的税率，对富人消费的商品要多使用 17% 的税率，由于增值税税基较大，税率结构的调整必将在一定程度上平抑收入不平等。

（3）调整消费税的税率结构，加大对消费税的征管力度。消费税的税率结构较复杂，税率差距也较大，这是充分发挥其平抑收入不平等作用的有利条件，而且与收入分配有关的商品更多地为富人所消费，因此，可以进一步调整消费税的税率结构，提高高档商品和奢侈品（比如高级香烟）的税率，适当降低一般人消费的涉税商品（比如普通香烟）的税率。更重要的是，应严厉打击高档商品和奢侈品的偷逃税现象，加大对高档商品和奢侈品消费税的征收力度。

（4）调整营业税的税率结构，加大对营业税的征收力度，提升营业税抑制收入不平等的强度。适当降低对基本公共服务（如基础教育、基本医疗）所征收的营业税税率，提高对富人征收的营业税的税率（如娱乐活动）。当前要加大对房地产营业税的征收力度，发挥其抑制财产不平等的作用，使营业税抑制收入不平等的功能得以强化。

参考文献

[1] 刘怡，聂海峰. 间接税负担对收入分配的影响分析[J]. 经济研究，2004，(5).

[2] 聂海峰，刘怡. 城镇居民的间接税负担：基于投入产出表的估算[J]. 经济研究，(7).

[3] Ahmad, Ehtisham and Nicholas Stern. The Theory of Reform and Indian Indirect Taxes[J]. *Journal of Public Economics*, 1984, 25, (3): 259-298.

[4] Ahmad, Ehtisham and Nicholas Stern. *The Theory and Practice of Tax Reform in Developing Countries*[M]. Cambridge University Press, 1991.

[5] Banks, James, Richard Blundell and Arthur Lewbel. Tax Reform and Welfare Measurement: Do We Need Demand System Estimates?[J]. *The Economic Journal*, 1996, 106: 1227-1241.

[6] Chen Duanjie, J. M. Matovu and R. Reinikka. A Quest for Revenue and Tax Incidence in Uganda[R]. IMF Working Paper, 2001, wp/01/04.

[7] Davidson, Russell, and Jean-Yves Duclos. Statistical Inference for the Measurement of the Incidence of Taxes and Transfers[J]. *Econometrica*, 1997, 65: 1453-1465.

[8] J. -Y. Duclos and A. Araar. *Poverty and Equity: Measurement, Policy, and Estimation with DAD*[M]. Springer/IDRC, 2006.

[9] B. Essama-Nssah. Assessing the Redistributive Effect of Fiscal Policy[R]. Policy Research Working Paper 4592, The World Bank, 2008.

[10] John. Gibson. Indirect Tax Reform and the Poor in Papua New Guinea[J]. *Pacific Economic Bulletin*, 1998, 13(2): 29-39.

[11] R. Jha. *Modern Public Economics*[M]. Routledge, 1998.

[12] Martinez-Vazquez Jorge. The Impact of Budgets on the Poor: Tax and Expenditure Benefit Incidence Analysis[A]//Blanca Moreno-Dodson and Quentin Wodon. Public Finance for Poverty Reduction: Concepts and Case Studies from Africa and Latin America[C]. Washington D. C.: The World Bank, 2008.

[13] Pearce, W. David. *The MIT Dictionary of Modern Economics*[M]. Cambridge, MA: The MIT Press, 1986.

[14] Rajemison, Harivelo and Younger D. Stephen. Indirect Tax Incidence in Madagascar: Estimations Using the Input-Output Table[R]. CFNPP working paper #106, 2000.

[15] R. K. Sah. *How Much Redistribution is Possible Through Commodity Taxes?* [J]. *Journal of Public Economics*, 1983, 20: 89-101.

[16] D. E. Sahn and S. D. Younger. Estimating the Incidence of Indirect Taxes in Developing Countries [A]//Bourguignon and Silva. The Impact of Economic Polices on Poverty and Income Distribution: Evaluation Techniques and Tools[C]. The World Bank, 2003.

[17] Saposnik, Rubin. Rank-Dominance in Income Distributions[J]. *Public Choice*, 1981, 36: 147-151.

[18] R. Scutella. The Final Incidence of Australian Indirect Taxes[J]. *The Australian Economic Review*, 1999, 32, (4): 349-368.

[19] Shorrocks, F. Anthony. Ranking Income Distributions [J]. *Economica*, 1983, 50: 3-17.

[20] Yitzhaki, Shlomo and Slemrod Joel. Welfare Dominance: An Application to Commodity Taxation [J]. *American Economic Review*, 1991, 81: 480-496.

第六章 收入不平等、政策瞄准偏差与最优税收——转移支付系统

一、引 言

针对市场机制形成的居民收入不平等,财政作为弥补市场失灵的主要手段具有显著的再分配功能,但是,财政的纠错效果决定于政策瞄准偏差(Mcnutt,2002)。如果政府政策偏向于穷人,那么对富人的税收增加,对穷人的转移支付也增加,从而缩小了居民收入差距;相反,如果政府政策偏向于富人,那么对富人的税收减少,对穷人的转移支付也相应减少,从而收入不平等进一步恶化。收入不平等、政策瞄准偏差与财政再分配之间的互动机制是怎样的呢?中国三者关联的现状如何?

Romer(1975)和 Roberts(1977)对政策瞄准偏差下的财政再分配政策效应进行了开创性的研究,他们认为,政策瞄准偏差是财政再分配政策方向的决定机制。在此基础上,Acemoglu 和 Robinson (2006)进一步明确了政策偏差是收入不平等与财政再分配互动机制的决定因素。但是,他们没能在政策瞄准偏差下求解出最优财政再分配政策的符号运算解。在实证分析方面,Fellman(2001)考察了政策偏离系数下财政再分配弹性的数学特征,Leigh(2008)还运用数据计算了政策偏离系数,但他们均没能计算出政策偏差下平抑收入不平等的最优财政再分配系统的数值。

在中国,政策瞄准偏差下的财政再分配政策同样影响收入不平等。陆铭、陈钊(2004)指出,政策偏向相对富裕的城市使更多的

财政支出流向城市，导致城乡收入差距不断扩大；汤玉刚、赵大平（2007）研究了中国财政政策供给偏向的短期决定问题。他们认为，在"有管理的竞争性政治市场"和政府追求政治支持最大化等假定下，政治均衡决定财政供给偏向的过程及其效率；权威因素对"政治价格"的管理在利益分化严重的当前形势下具有建设性作用。吕冰洋（2009）甚至研究了财政权力（特别是税权）配置与政策偏向决定的关系。但是，国内尚无人研究政策瞄准偏差下最优财政再分配政策。

本章拟从两方面取得突破：其一是从理论上构建收入不平等、政策瞄准偏差以及最优财政再分配之间的关联模型，以揭示三者的互动机制；其二，依据理论模型，实证分析中国的政策偏差状态，研究政策偏向如何决定最优财政再分配系统，进而描述最优财政再分配纠正居民收入不平等的程度。接下来的篇章安排是，第二部分构建理论模型，第三部分以定量指标，运用中国的数据分析收入不平等、政策瞄准偏差以及最优财政再分配之间的关系，最后部分是结语。

二、理论模型

我们分三步完成理论模型的构建。第一，在最新文献的基础上，构建收入不平等下政策瞄准偏差决定最优财政再分配的基本模型；第二，拓展基本模型，构建收入不平等、政策偏向与最优税收关联模型，探讨政策偏差下税收政策对收入不平等的影响；第三，在拓展模型的基础上再拓展，构建收入不平等、政策偏向与最优转移支付关联模型，探讨政策偏差下转移支付对收入不平等的影响。

（一）居民收入差异与税收——转移支付政策：基本政策偏向模型

沿袭 Acemoglu 和 Robinson 的研究（2006），我们构建一个由 n 个居民构成的收入不平等社会（中位居民收入位于人均收入之下），个人 $i(i=1, 2, \cdots, n)$ 所得收入为 I_i，$\bar{I}$ 表示社会平均收入，则有：

$$\bar{I} = \frac{1}{n}\sum_{i=1}^{n} I_i \qquad (6.1)$$

假定政策偏向体系决定的税率是 $\xi(0 \leq \xi \leq 1)$。为了分析简便，我们使用纯粹的再分配模型，即税收收益一次性地通过转移支付 T 等量地再分配给所有居民。在转移支付归宿于居民之前，存在一个与税率相关的征税成本 $C(\xi)$（比如：扭曲资本和劳动）。进入政府预算约束的总量成本为 $n\bar{I}C(\xi)$，其中 $n\bar{I}$ 为经济总收入。随着 $n\bar{I}$ 的增加，征税成本也增加。我们假定 $C:[0,1] \to R_+$，$C(0)=0$；$C'(\cdot)>0$，成本相对税率水平来说递增；$C''(\cdot)>0$，成本函数是严格凸的，随着税率的增长，成本更快地增长；我们还假定 $C'(0)=0$，$C'(1)=0$，前者表示当税率很低时边际成本很小，后者意味着在税率水平很高时成本急剧增加。由于成本函数的凸性，最后两个假定的含义是：税收削弱资本和劳动的功能较强。由此，我们得到政府的平衡预算：

$$T = \frac{1}{n}\Big[\sum_{i=1}^{n}\xi I_i - C(\xi)n\bar{I}\Big] = [\xi - C(\xi)]\bar{I} \qquad (6.2)$$

这表明：比例所得税被等量地再分配，税率越高，再分配越多。

假定征税与接受转移支付后居民 i 的收入为 $\hat{y}_i(\xi)$，由（6.2）式，我们得到居民 i 的间接效用为：

$$U(I_i|\xi) = \hat{y}_i(\xi) = (1-\xi)I_i + T = (1-\xi)I_i + [\xi - C(\xi)]\bar{I} \quad (6.3a)$$

在个人收入 I_i 以及政府财政政策 ξ 的背景下，居民寻求效用最大化。考虑到 $U(I_i|\xi)$ 是严格凹的并且两次连续可导（在 $C(\xi)$ 的假定条件下），极大化 $U(I_i|\xi)$ 下的税率 ξ_i 可以通过一个无约束的最大化问题求得。在（6.3a）式中，令 $U(I_i|\xi)$ 对 ξ 的导数为 0，我们得到 ξ_i 的一阶条件：

$$-I_i + [1 - C'(\xi_i)]\bar{I} = 0 \qquad (6.3b)$$

通过（6.3b）式对 ξ 求导，得到二阶条件：$-C''(\xi_i)\bar{I}<0$。由于 $C''(\xi_i)>0$，二阶条件总是成立的，从而最大值存在。该二阶条件还说明 $U(I_i|\xi)$ 是一个严格凹函数，这是它为单峰的充分条件。（6.3b）式

表明居民 i 的理想税率具有的特征是：个人 i 的边际成本等于个人 i 的边际收益。边际成本为个人 i 的收入 I_i，因为税率的增加会导致与收入正相关的效用减少；边际收益是 $[1-C'(\xi_i)\bar{I}]$，因为税收越高，就会有更多的收入再分配。

更有意义的是，(6.3b)式显示出决策偏差冲突：对于富人来说，$I_i/\bar{I}$ 比率比穷人的高，要使(6.3b)式成立，$1-C'(\xi_i)\bar{I}$ 必须高，这就要求 $C'(\xi_i)$ 必须低。根据 $C'(\xi_i)$ 的凸性可知，它是一个增函数，这就意味着被偏好的税率必须低。对于穷人来说，以此类推，穷人的行为偏好为高税率。显然，这种冲突的均衡点决定于政策偏向。

下面，我们观察政策偏向在针对收入不平等的财政再分配政策均衡中的地位：

(i)假如政府政策偏向于低收入者(收入为 I_L)，其偏好的税率为 ξ_L，由(6.3b)式得：

$$\frac{I_L}{\bar{I}} = 1 - C'(\xi_L) \qquad (6.4)$$

依据(6.4)式可知，政策均衡点为高税率和更多的再分配，居民收入差距将缩小。

(ii)假如政府政策偏向于高收入者，与(i)相反，政策均衡点必然是低税率和更少的再分配，居民收入差距将扩大。

由(i)和(ii)，我们得到：

命题1：当收入不平等出现时，政策偏向控制着财政再分配，从而决定了居民收入不平等趋势。

(二)贫富分化与税收再分配：政策偏向拓展模型

现在我们假定收入不平等加剧，使得 n 个人组成的收入不平等社会分化成两大集团：富人与穷人，并且假定总人口标准化为1，富人人口为 δ，穷人为 $(1-\delta)$，并且 $1-\delta>1/2$；富人的收入为 I_r，穷人的收入为 I_p，并且 $I_r>I_p$。我们以 θ 表示富人收入占总收入的比重，并以此表示不平等的程度。于是：

$$I_p = \frac{(1-\theta)\overline{I}}{1-\delta} \text{ 和 } I_r = \frac{\theta\overline{I}}{\delta} \quad (6.5)$$

基于 $I_r > I_p$ 的事实，由(6.5)式可知，$\theta > \delta$。

与基本政策偏向模型一样，我们仍然假定政策体系决定一个非负的所得税税率 ξ，并且税收收益一次性地再分配给所有居民，则政府的平衡预算为：

$$T = \xi[(1-\delta)I_p + \delta I_r] - C(\xi)\overline{I} = [\xi - C(\xi)]\overline{I} \quad (6.6)$$

在此约束下，个人（或阶层）i 的间接效用（征税与转移支付后的收入）为：

$$U(I_i|\xi) = \hat{y}_i(\xi) = (1-\xi)I_i + [\xi - C(\xi)]\overline{I}, \ i = r, p \quad (6.7)$$

下面，我们观察不同政策偏向下财政再分配政策均衡：

(i) 假如政策偏向于穷人，均衡税率为穷人偏好的税率 ξ_p，则我们可以通过最大化穷人的 $U(I_p|\xi)$ 找到 ξ_p。使 $U(I_p|\xi)$ 最大化的一阶条件是：

$$-I_p + [1 - C'(\xi_p)]\overline{I} = 0 \quad (6.8)$$

由(6.5)式，我们改写(6.8)式：

$$\frac{\theta - \delta}{1 - \delta} = C'(\xi_p) \quad (6.9)$$

利用隐函数定理，并考虑到 $C''(\xi_p) > 0$，我们有：

$$\frac{d\xi_p}{d\theta} = \frac{1}{C''(\xi_p)(1-\delta)} > 0 \quad (6.10)$$

由(6.10)式，我们可知，当不平等加剧（θ 增加）时，在转移支付既定的前提下，政策偏向于穷人的最优选择是提高税率（ξ_p 增加），从而使居民收入差距缩小。

顺便地，我们考察税收量的变化，以便与下部分作比较。总的税收占国民收入的比重是：$[\xi_p - C(\xi_p)]\overline{I}/\overline{I} = \xi_p - C(\xi_p)$。再从(6.10)式看，$C'(\xi_p) = (\theta - \delta)/(1-\delta) < 1$，因而 $1 - C'(\xi_p) > 0$，从而 $d[\xi_p - C(\xi_p)]/d\theta > 0$。这也就是说，如果不平等加剧，那么税收占国民收入的比重将增大。我们定义税收负担为在某一税率 ξ 上从富人向穷人的再分配，即：

$$\Omega(\xi) = C(\xi)\bar{I} - \xi(1-\theta/\delta)\bar{I} \qquad (6.11)$$

(ii)假如政府政策偏向于富人,与(i)相反,政策均衡点必然是低税率,居民收入差距将扩大。

由(i)和(ii),我们得到:

命题2:当居民收入不平等加剧时,如果政策偏向于穷人,则在转移支付政策既定的情况下最优税收政策是提高税率,从而缩小居民收入差距;如果政策偏向于富人,则在转移支付既定的情况下最优税收政策是降低税率,从而扩大居民收入差距。

(三)收入不平等与转移支付再分配:政策偏向再拓展模型

上述两集团(穷人与富人)模型假定所有行为者得到等量的再分配,但是现实中,转移支付是歧视性的,即富人得到的转移支付 T_r 和穷人得到的转移支付 T_p 是不相等的。政府预算约束是:

$$(1-\delta)T_p + \delta T_r = \xi[(1-\delta)I_p + \delta I_r] - C(\xi)\bar{I} = [\xi - C(\xi)]\bar{I} \qquad (6.12)$$

在政府预算约束下,穷人的间接效用是:

$$U(I_p|\xi, T_p) = (1-\xi)I_p + T_p \qquad (6.13)$$

这里的 ξ 和 T_p 为二维政策空间。

下面,我们观察不同政策偏向下财政再分配政策均衡:

(i)假如政府政策偏向于穷人,即均衡政策是穷人偏好的政策,穷人将不会把收入再分配给富人的,因而 $T_r = 0$,并且穷人将最大化自己的效用:

$$U(I_p|\xi, T_p) = (1-\xi)I_p + T_p = (1-\xi)I_p + \frac{[\xi - C(\xi)]\bar{I}}{1-\delta} \qquad (6.14)$$

其一阶条件是:

$$I_p(1-\delta) = [1 - C'(\xi_p^T)]\bar{I} \qquad (6.15)$$

这里,$\xi_p^T(>0)$ 为歧视性转移支付下穷人偏好的税率。假定 T_p^T 为穷人偏好的转移支付水平,用(6.5)式替换(6.15)式中的 $\bar{I}$ 得:

$$\theta = C'(\xi_p^T) \qquad (6.16)$$

比较(6.16)式和(6.9)式,我们发现,$\xi_p^T > \xi_p$。这也就是说,歧视性转移支付下的税率大于非歧视性转移支付下的税率。此时的税收

负担为:

$$\Omega^T(\xi) = \xi \frac{\theta}{\delta} \bar{I} \qquad (6.17)$$

比较(6.17)式与(6.11)式,我们发现:$\Omega^T(\xi) > \Omega(\xi)$。由此,我们可知,当收入不平等不断恶化时,政策偏向于穷人的最优选择是:对穷人给予更多的转移支付,对富人大幅度提高税率,从而使居民收入差距缩小。

(ii)假如政府政策偏向于富人,与(i)相反,最优财政政策是:对富人降低税率,对穷人减少转移支付,从而使居民收入差距扩大。

由(i)和(i),我们得到:

命题3:在居民收入差距恶化的情况下,如果政策偏向于穷人,则最优财政政策是对富人提高税率,对穷人扩大转移支付,从而使居民收入差距减小;如果政策偏向于富人,则最优财政政策是对富人降低税率,对穷人减少转移支付,从而使收入差距扩大。

三、数 据 模 拟

在本部分,我们将设计实证方法,并利用中国的数据考察中国居民收入不平等、政策瞄准偏差与财政再分配之间的关系。

(一)方法设计

研究方法包括两个方面:不同政策偏向情况下税收政策减少不平等的效果评估和转移支付减少不平等的效果评估。

1. 最优税收政策

假定个人收入为 I,人均收入为 μ_I,收入在底层的人口占总人口的比重为 p,洛伦兹曲线为 $L_I(p)$,η 为平均税收,$L_0(p) = [(\mu_I/(\mu_I-\eta)]L_I(p)$。我们将 v 定义为政策偏向系数,当 $1 < \delta < 2$ 时,政府政策偏向于富人;当 $\delta = 2$ 时,政府政策无偏向;当 $\delta > 2$ 时,政府政策偏向于穷人(Lambert,1993)。根据 Yitzhaki 的研究(1983),并考虑到中国所得税为分类征收从而对总所得收入征税可以视为无起征点,最优所得税后的广义基尼系数为:

$$G_0(v) = 1 - v(v-1)\int_0^1 (1-p)^{v-2} L_0(p)\,dp, \quad v \geq 1 \quad (6.18)$$

对 $G_0(v)$ 的实际计算是困难的，我们假定 $I_{1:n} \leq I_{2:n} \leq \cdots \leq I_{n:n}$，则 $G_0(v)$ 的一致估计是：

$$G_0(v) = 1 - \frac{1}{(\mu_I - \eta)n^v} \sum_{i=1}^n [(n-i+1)^v - (n-i)^v] I_{i:n} \quad (6.19)$$

令 $G_I(v)$ 和 $G_{I-\eta}(v)$ 分别为实际税前和实际税后基尼系数，根据 Fellman 的研究(2001)，我们可以得到税收政策减少收入不平等的最优效果的指标：

$$F_\eta(v) = \frac{G_I(v) - G_{I-\eta}(v)}{G_I(v) - G_0(v)} \quad (6.20)$$

2. 最优转移支付政策

我们仍然假定个人收入为 I，人均收入为 μ_I，洛伦兹曲线为 $L_I(p)$，但现在个人接受平均转移支付 ρ。根据 Fellman 的研究(2001)，并考虑到中国转移支付制度的纵向性(比如税收返还的来源地原则)即任何人都有可能接受转移支付(包括富人)，令 $L_1(p) = \rho/(\mu_I + \rho) + [\mu_I/(\mu_I + \rho)] L_I(p)$，则最优转移支付后的基尼系数为：

$$G_1(v) = 1 - v(v-1)\int_0^1 (1-p)^{v-2} L_1(p)\,dp, \quad v \geq 1 \quad (6.21)$$

其一致性估计是：

$$G_1(v) = 1 - \frac{\rho v(v-1)}{\mu_I + \rho}\int_0^1 (1-p)^{v-2} dp - \frac{1}{(\mu_I + \rho)n^v}$$

$$\sum_{i=1}^n [(n-i+1)^v - (n-i)^v] I_{i:n} \quad (6.22)$$

令 $G_I(v)$ 和 $G_{I+\rho}(v)$ 分别为实际转移支付前和实际转移支付后的基尼系数，我们可以得到转移支付减少不平等的最优效果的指标：

$$F_\rho(v) = \frac{G_I(v) - G_{I+\rho}(v)}{G_I(v) - G_1(v)} \quad (6.23)$$

3. 财政政策减少不平等的实际效果与最大幅度

$F_\eta(v)$ 和 $F_\rho(v)$ 分别是给定税收 η 和转移支付 ρ 下最优财政政

策减少不平等效果的指标,实际效果指标和最大调整幅度有待给出。参考 Pechman 和 Okner(1974)以及 Leigh(2008)设计的指标 $P_\eta(v)=[G_I(v)-G_{I-\eta}(v)]/G_I(v)$(这里指税收而言),我们可以得到反映财政政策实际效果的指标:

$$P_\eta(v) = F_\eta(v) D_\eta(v) \qquad (6.24a)$$

$$P_\rho(v) = F_\rho(v) D_\rho(v) \qquad (6.24b)$$

在这里,$D_\eta(v)$ 和 $D_\rho(v)$ 可以定义为:

$$D_\eta(v) = [G_I(v) - G_0(v)]/G_I(v) \qquad (6.25a)$$

$$D_\rho(v) = [G_I(v) - G_1(v)]/G_I(v) \qquad (6.25b)$$

$D_\eta(v)$ 和 $D_\rho(v)$ 正好能够反映减少不平等效果的最大幅度。

(二)数据与模拟结果

以上设计的数据模拟方法需要的数据显然必须是家庭住户调查数据,我们可以在官方统计年鉴中寻找。经过收集,只有黑龙江和福建两省统计年鉴数据满足指标设计的需要。考虑到我国收入不平等加剧发生在 20 世纪 90 年代后半期,我们的样本期确定在 1997—2007 年,这样只得删除黑龙江省样本。考虑到与农村收入不平等相比,城镇收入不平等更具有代表性,最后,我们采用福建省统计年鉴中按收入分组的"城镇居民家庭基本情况"中的数据。下面对一些指标作出说明。

所得税和转移支付。①所得税。在城镇居民家庭基本生活情况调查的指标中,总收入-可支配收入=交纳的所得税+个人交纳的社会保障支出+记账补贴。记账补贴是国家统计局或财政局为了更好地统计个人家庭收入,对那些坚持自行记账核算自家收入的人士给予的补贴,但不是每个人都可以得到的,必须是家庭条件具有代表性、记账核算具有完整性、记账时间具有持续性才可能得到统计局或财政局的选定,而且数额不大,因此,我们可以忽略记账补贴项。另外,考虑到家庭或个人社会保障支出与同所得税一样上交给政府机构,因而具有所得税的特点,我们权且将其作为所得税看待。这样,我们得到所得税的粗略计算公式:所得税=总收入-可支配收入。②转移支付。城镇居民家庭获得的收入包括工薪收入、经营净收入、财产性收入和转移性收入。其中，转移性收入是指住户和住户成员无须付出任何对应物而获得的货物、服务、资金或资产所有权等，不包括无偿提供的用于固定资本形成的资金。一般情况下，是指住户在二次分配中的所有收入。显然，这部分收入可以视为财政的转移支付。

基尼系数和 v。"城镇居民家庭基本情况"数据为分组数据，即将所有被调查户依户人均收入由低到高排队，一般按 10%，10%，20%，20%，20%，10%，10% 的比例依次分成：最低收入户、低收入户、中等偏下收入户、中等收入户、中等偏上收入户、高收入户、最高收入户等七组。我们将前后两端的 10% 分别合并，这样就分成等分的五组。从而使基尼系数中的 $n=5$，计算也相对简便，当然，这样计算出来的一致估计的基尼系数是粗略的。另外，依据 Liu 和 Wang 的研究（2009），我们对 v 取值：1.5、2 和 2.5。结果见表 6.1。

从表 6.1 中我们发现，从 1997 年到 2007 年，居民收入不平等不断恶化，并且不平等恶化下的财政政策效果甚弱。表现为财政政策实施前基尼系数不断增大（无论 v 取何值），财政政策实施后的实际政策效果（$P_\eta(v)$ 和 $P_\rho(v)$）与最优政策效果（$F_\eta(v)$ 和 $F_\rho(v)$）均为负值，虽然政策提升具有一定提升空间（$D_\eta(v)$ 和 $D_\rho(v)$ 均为正值）。我们还发现：①从政策偏向后果看，当政策偏向于穷人（$v=2.5$）或者政策偏向于富人（$v=1.5$）时，税收政策与转移支付政策减少收入不平等的效果完全不同。也就是说，政府政策偏向是决定财政政策效果的机制。从而命题 1 得证。②从最优税收政策看，$|F_\eta(1.5)||F_\eta(2.5)|$，但符号一般为负（2007 年和 2003 年例外），说明政策偏向于富人，对富人征税相对少于穷人，以至于收入差距越来越大（见图 6.1），从而命题 2 得证。③从最优转移支付政策看，$|F_\rho(1.5)|>|F_\rho(2.5)|$，但符号均为负，说明政策偏向于穷人，转移支付更多地归宿于穷人，只是力度不够，未能扭转不平等的趋势（见图 6.2），从而命题 3 得证。

表6.1　税收和转移支付政策的实际、最优与最大减少不平等效果

政策偏向 v	年份	财政政策前的基尼系数	税收政策			转移支付政策		
			$P_\eta(v)$	$F_\eta(v)$	$D_\eta(v)$	$P_\rho(v)$	$F_\rho(v)$	$D_\rho(v)$
1.5	2007	0.174669	0.003139	0.006971	0.450329	−0.00446	−0.00624	0.715554
	2006	0.171644	−0.00774	−0.01629	0.475112	−0.02357	−0.03228	0.730031
	2005	0.168941	−0.0121	−0.02782	0.435152	−0.05115	−0.06525	0.783872
	2004	0.168551	−0.00605	−0.01446	0.418328	−0.0519	−0.06556	0.791615
	2003	0.169941	0.379531	0.289765	1.309789	−0.07318	−0.10005	0.731383
	2002	0.165881	−0.01767	−0.04769	0.370403	−0.10486	−0.13841	0.757592
	2001	0.151106	−0.00202	−0.04208	0.047946	−0.05081	−0.07042	0.721494
	2000	0.142532	−0.00267	−0.06164	0.043324	−0.029	−0.04068	0.712829
	1999	0.133884	−0.00558	−0.11145	0.050081	−0.08261	−0.10633	0.776945
	1998	0.134246	−0.00616	−0.1066	0.057754	−0.06146	−0.08294	0.741003
	1997	0.12926	−0.00601	−0.09825	0.061197	−0.06159	−0.0834	0.738439

第六章　收入不平等、政策瞄准偏差与最优税收——转移支付系统

续表

政策偏向 v	年份	财政政策前的基尼系数	税收政策 $P_\eta(v)$	税收政策 $F_\eta(v)$	税收政策 $D_\eta(v)$	转移支付政策 $P_\rho(v)$	转移支付政策 $F_\rho(v)$	转移支付政策 $D_\rho(v)$
2	2007	0.277 86	0.004 134	0.016 691	0.247 692	−0.002 49	−0.001 14	2.185 403
	2006	0.272 992	−0.008 63	−0.032 93	0.262 178	−0.018 61	−0.008 32	2.236 792
	2005	0.268 867	−0.011 03	−0.045 84	0.240 548	−0.046 32	−0.019 24	2.406 862
	2004	0.267 768	−0.007 08	−0.030 54	0.231 901	−0.048 23	−0.019 8	2.435 588
	2003	0.271 506	0.327 006	0.454 485	0.719 51	−0.066 96	−0.029 95	2.235 5
	2002	0.265 954	−0.016 36	−0.080 45	0.203 311	−0.093 69	−0.040 43	2.317 604
	2001	0.243 223	−0.002 31	−0.087 06	0.026 555	−0.041 78	−0.018 71	2.232 722
	2000	0.230 661	−0.002 8	−0.116 37	0.024 019	−0.022 82	−0.010 3	2.214 727
	1999	0.214 039	−0.005 54	−0.195 01	0.028 427	−0.070 31	−0.028 53	2.464 144
	1998	0.214 5	−0.006 17	−0.188 19	0.032 795	−0.052 32	−0.022 26	2.350 435
	1997	0.206 255	−0.006 08	−0.173 93	0.034 961	−0.051 43	−0.021 81	2.357 985

第六章 收入不平等、政策瞄准偏差与最优税收——转移支付系统

续表

政策偏向 v	年份	财政政策前的基尼系数	税收政策			转移支付政策		
			$P_\eta(v)$	$F_\eta(v)$	$D_\eta(v)$	$P_\rho(v)$	$F_\rho(v)$	$D_\rho(v)$
2.5	2007	0.343 332	0.004 833	0.026 514	0.182 285	-0.000 59	-0.000 16	3.692 509
	2006	0.337 191	-0.009 58	-0.049 52	0.193 517	-0.014 28	-0.003 78	3.782 966
	2005	0.332 408	-0.010 16	-0.057 17	0.177 657	-0.042 37	-0.010 41	4.069 058
	2004	0.330 68	-0.007 87	-0.045 83	0.171 648	-0.045 18	-0.010 96	4.122 567
	2003	0.336 7	0.285 28	0.540 024	0.528 272	-0.061 97	-0.016 45	3.767 124
	2002	0.330 823	-0.015 34	-0.102 93	0.149 001	-0.084 27	-0.021 63	3.896 847
	2001	0.303 463	-0.002 55	-0.130 14	0.019 589	-0.034 84	-0.009 28	3.753 938
	2000	0.289 049	-0.002 91	-0.164 1	0.017 713	-0.017 85	-0.004 81	3.713 984
	1999	0.265 639	-0.005 53	-0.258 35	0.021 401	-0.060 31	-0.014 43	4.179 512
	1998	0.266 19	-0.006 16	-0.249 61	0.024 688	-0.044 7	-0.011 21	3.986 71
	1997	0.255 61	-0.006 21	-0.234 78	0.026 456	-0.042 84	-0.010 69	4.008 98

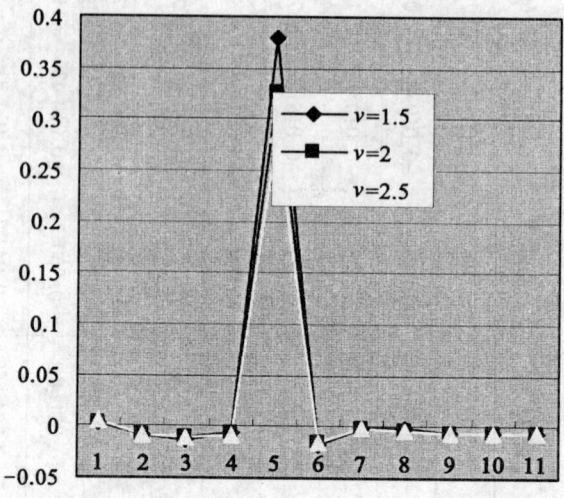

图 6.1　政策偏向与最优税收政策减少不平等效果

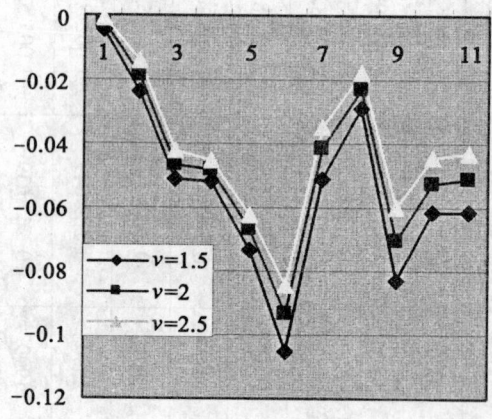

图 6.2　政策偏向与最优转移支付政策减少不平等效果

四、结　语

本章构建了居民收入不平等、政策瞄准偏差与财政再分配关系模型。该模型揭示：政策偏差是财政再分配政策乃至收入平等性的决定机制。当政府政策偏向于穷人时，最优财政再分配政策选择是提高税率，扩大转移支付；当政府政策偏向于富人时，最优选择是降低税率，减少转移支付。通过设计实证指标，利用中国的数据，我们发现：①居民收入不平等不断恶化，并且针对不平等恶化的财政再分配政策效果甚弱，没能扭转不平等恶化的趋势。②税收再分配政策偏向富人，使富人的税负相对轻于穷人，收入不平等更加恶化；偏向于穷人的转移支付再分配政策在一定程度上减少了不平等，只是收效甚微。据此，我们提出以下几点政策建议：

①必须从理论上承认：针对收入不平等，财政再分配政策是主要的纠错手段，政策瞄准偏差是这种纠错手段能否产生效果的决定因素。中国的财政再分配功能甚弱，以至于收入不平等不断恶化，政策瞄准偏差严重。

②从税收再分配政策看，我国所得税采用超额累进制，应该说有利于缩小收入不平等。但是，政策偏向于富人，富人税负相对较轻，导致收入不平等不断扩大。因此，必须纠正这种政策偏向，加大对富人的征税力度，缩小收入差距。

③在转移支付政策方面，政策偏向于穷人，只是力度不够，效果甚微。我们必须继续从政策上支持低收入者，加大转移支付力度，使转移支付缓解贫困、缩小收入不平等的功能得到充分发挥。

参考文献

[1] 陆铭，陈钊. 城市化、城市倾向的经济政策与城乡收入差距[J]. 经济研究，2004(6).

[2] 汤玉刚，赵大平. 论政府供给偏好的短期决定：政治均衡与经济效率[J]. 经济研究，2007(1).

[3] 吕冰洋. 政府间税收分权的配置选择和财政影响[J]. 经济研

究, 2009(6).

[4] D. Acemoglu, J. A. Robinson. *Economic Origins of Dictatorship and Democracy* [M]. Cambridge: Cambridge University Press, 2006.

[5] A. Downs. *An Economic Theory of Democracy* [M]. New York: Harper and Row, 1957.

[6] J. Fellman. Mathematical Properties of Classes of Income Redistributive policies [J]. *European Journal of Political Economy*, 2001, Vol. 17, 179-197.

[7] P. J. Lambert. *The Distribution and Redistribution of Income: A Mathematical Analysis* [M]. 2nd edition. Manchester, UK: Manchester University Press, 1993.

[8] A. Leigh. Do Redistributive State Taxes Reduce Inequality [J]. *National Tax Journal*, 2008(1): 81-104.

[9] Liu Qiongzhi, Wang Junjie. Income Inequality and Tax Redistribution: Mutual Incentive and Its Political Economy [C]. Proceedings of the 2009 International Conference on Public Economics and Management, 2009: 28-29.

[10] P. A. Mcnutt. *The Economics of Public Choice* [M]. Dublin: Edward Elgar, 2002.

[11] P. A. Pechman. *Who Bears the Tax Burden* [M]. Brookings Institution, Washington, DC. 1974.

[12] T. Romer. Individual Welfare, Majority Voting and the Properties of a Linear Tax [J]. *Journal of Public Economics*, 1975, 7: 163-168.

[13] K. Roberts. Voting over Income Tax Schedules [J]. *Journal of Public Economics*, 1977, 8: 329-340.

[14] S. Yitzhaki. On an Extension of the Gini Index [J]. *International Economic Review*, 1983, 24: 617-628.

第七章 收入不平等与再分配职能在中央财政与地方财政之间分解

一、引　言

平抑收入不平等的再分配职能在中央财政与地方财政之间的分解是长期摆在财政经济学家面前的一个尚待破解的难题。Musgrave(1959)和 Oates(1972)强调再分配职能应该由中央财政来执行，其基本依据是移民引致的再分配外部性。他们认为在劳动力自由流动的条件下，如果某一地区财政试图执行有力的再分配政策，那么就会激励穷人蜂拥而至，富人不断外迁，从而使周边地区受益。因此，地方财政的收入再分配政策具有正外部性，实施再分配政策的地方边际成本超过社会边际成本，从而导致整个再分配水平下降，引发人员在地区间配置不当的效率损失。这种逆向选择问题随着中央财政再分配政策的统一制定而化解，居民的流动性随着政策管辖范围的扩大而减少。Buchanan(1950)甚至认为，即使所有地方财政都执行完全相同的再分配政策，也会导致地区间移民的产生。这是因为，收入相同的个人可以在不同地区支付相同的税收，但由于各地区高低收入人口结构不同，他们实际上可以获得不同的公共支出净收益，也就是说，生活在富裕地区的个人比生活在穷困地区的个人能够获取更多的收益。这种收益的存在将会导致移民，从而产生资源配置效率的损失。同理，如果地方财政预算具有累进性，则导致人口向低收入地区转移，造成税收损失。可见，将主要再分配职能置于中央财政是合理的。

但是，上述结论广受质疑。首先，现实政治经济生活要求地方财政拥有一定的征税和支出权力，赋予地方财政合适的自治权力可以提高公共政策效率。较高的政治风险和高效率、大规模公共支出与福利投入可以使得分权制国家比集权在减少不平等和减贫上更加有效（Shankar 和 Shah，2003）。实证研究发现，越是贫困的地区政府越容易忽略民众的需要，财政分权越被期待（Sato 和 Yamashige，2005）。其次，移民可以在有效率和无效率两种状态下发生，根据蒂布特（Tiebout）假说，有效率的移民正是财政分权中配置效率实现的重要条件。

问题的焦点在移民导致的再分配外部性上。Epple 和 Romer（1991）假设在仅存地方性税收和转移支付、人们在地区间可以无成本地流动并且清楚再分配政策的"移民效应"的情况下，研究了地方财政再分配程度，其结论包括两个方面：一是地方财政的再分配的确会导致人口流动，越贫穷的家庭将越可能移居到再分配水平较高的地区；二是地方财政再分配政策能够执行，并且可以实现均衡。Wagener（2000）进一步研究发现，地方财政再分配必然引致人口流动，地方财政偏好显示是合理的；在人口自由流动下，部分不平等恒定最优，并且，当且仅当平均收入可以视为一种临界状态水平时，利他主义生成纳什均衡。可见，地方财政再分配外部性是存在的，再分配力度因而受到限制，于是，中央财政再分配成为必要。

到目前为止，我们对谁（中央财政或地方财政）更应该执行再分配职能似乎仍无定论。事实上，世界上大多数国家的收入再分配职责是由中央财政和地方财政共同承担的。地方财政收入再分配措施在前，中央财政调整在后。即先由各地方财政根据本地区收入不平等状况，分别实施不同的财政再分配政策，由于这种再分配政策具有正的外部性，所以各地方财政的供给效率不高，税收和转移支付力度不够，这就要求中央财政进行适当的配套激励，以达到社会最优水平。

那么，中央财政与地方财政应如何分解收入再分配职能，以减少收入不平等，实现中国社会经济和谐呢？国内研究分权下财政再分配职能分解的文献极少。阎坤和陈昌盛(2001)对国外经典文献进行了回顾,并就再分配职能分解问题进行了规范分析;国内实证分析则基本空白。出现这种状况的原因是:在理论方面,国外模型一般假定人口是完全流动的,但在中国,由于户籍制度的原因,中国人口的流动是不完全的,从而使中国理论模型的构建复杂化;在实证方面,职能分解涉及多层变量,一般的 OLS 估计不再适用。本章拟从这两方面取得突破,一是构建人口不完全流动情况下收入不平等与多级财政再分配模型;二是使用多层线性模型对理论假说进行验证,并用 bootstrap 技术进行稳健性分析。接下来的篇章安排是:第二部分是理论模型,第三部分是实证分析,最后是结语。

二、理 论 模 型

(一) 个人收入不平等与财政再分配引致的人口流动

根据 Wellisch(2000)和张晏、龚六堂(2004)的研究,我们假定一个国家只有中央和地方两级政府,每个地方 $i(i=1,2)$ 的生产要素有两种:一种是固定要素,比如私有资产,其特点是非流动性且供给没有弹性,每个地区的固定要素被富裕家庭占有,他们是本地区再分配的贡献者即上交所得税。另一种生产要素是流动性劳动力,我们定义其为贫困人口,每个劳动力在本地区提供一个单位的劳动,我们假定存在两类流动性劳动力 $(p=t,s)$,其区别体现在劳动生产率上(即熟练工人和非熟练工人),这也表明同一地区内两类劳动力由于个人收入不相等接受转移支付的数额不相等。地方财政再分配指的是发生在固定要素所有者即富人与流动劳动力即贫困人口之间的转移支付(r),这项支出是通过向固定要素所有者等额征税取得的。地方财政收不抵支的缺口,由中央政府转移支付弥补,以期收入公平分配。

我们以 L_p 表示该国 p 类劳动力总数,l_p^i 为地区 i 的 p 类劳动力数量,则:

$$l_p^1 + l_p^2 = L_p \tag{7.1}$$

假定地区 i 的生产函数 $f^i(l_s^i, l_t^i)$ 是严格凹的，其正且递减的边际收益 $f_p^i = \partial f^i / \partial l_p^i$，固定要素植入在函数 f^i 中，劳动力市场是竞争性的，因此，p 类劳动力的总工资等于其边际生产率。我们以 r_p^i 表示地区 i 政府给予 p 类劳动力的转移支付，则劳动力消费（收入）为：

$$y_p^i = f_p^i(l_s^i, l_t^i) + r_p^i \tag{7.2}$$

劳动力仅对他们的消费感兴趣。在自由流动均衡中，同类劳动力的消费达到一致：

$$y_p^1 = y_p^2 = y_p \tag{7.3}$$

不流动的富人的可支配收入为：

$$I^i = f^i(l_s^i, l_t^i) - f_s^i(l_s^i, l_t^i) \cdot l_s^i - f_t^i(l_s^i, l_t^i) \cdot l_t^i - r_s^i \cdot l_s^i - r_t^i \cdot l_t^i \tag{7.4}$$

令 $D = (f_{tt}^1 + f_{tt}^2) \cdot (f_{ss}^1 + f_{ss}^2) - (f_{st}^1 + f_{st}^2)^2 > 0$（Boadway，1982），由（7.1）式~（7.3）式得：

$$\frac{\partial l_p^i}{\partial r_p^i} = -\frac{\partial l_p^j}{\partial r_p^i} = -\frac{1}{D} \cdot (f_{ww}^1 + f_{ww}^2) > 0 \tag{7.5}$$

从（7.5）式为正可知，给予地区 i 的 p 类劳动力更高的转移支付将吸引更多的同类劳动力从其他地区进入该地区。在劳动力流向本地区的同时，我们观察到（7.4）式后两项增大，富人的收入 I^i 减少，从而富人欲流出该地区。于是，转移支付 r_s^i 和 r_t^i 由地区 i 依据本地区福利函数 $W^i(i=1, 2)$ 最大化决定，r_p^i 的变化通过消费水平 y_s 和 y_t 这一价格渠道传导到地区 j（Mansoorian 和 Myers，1993）。

（二）地方财政再分配低效率

人口流动造成本地区对穷人的转移支付供给不足，说明分权下各地区间的财政再分配引起的外部性是明显的，分权下的财政再分配纳什均衡是低效的（Wildasin，1991；Facchini 和 Testa，2008）。

根据 Blackorby, Bossert 和 Donaldson（1995）的研究，我们定义地区 i 的功利主义福利函数为：

$$W^i = g_i(y^i) + l_t^i \cdot g_i(y_t^i) + l_s^i \cdot g_i(y_s^i) - (1 + l_t^i + l_s^i) \cdot g_i(\alpha_i) \tag{7.6}$$

这里，g 为递增的凹的连续可导的函数，α 为政策制定者决定

第七章 收入不平等与再分配职能在中央财政与地方财政之间分解

的临界收入水平（$\alpha>0$）。

假定地方政府面对的是固定人口，生活在地区 i 中的各类工人数目固定为 $\bar{l}_s^i$ 和 $\bar{l}_t^i$。最大化 (7.6) 式得：$\partial W^i/\partial r_p^i = \bar{l}_p^i \cdot [-g_i'(I^i) + g_i'(y_p^i)] = 0$，这对于严格凹函数 g_i 来说，意味着在地区 i 进行平均主义分配：

$$I^i = y_t^i = y_s^i \tag{7.7}$$

但是，现实中的劳动力是可以流动的。令 $l_{pw}^i = \partial l_p^i/\partial r_w^i$，则地区福利最大化要求如下：

$$\frac{\partial W^i}{\partial r_p^i} = l_{tp}^i \cdot [-g_i'(I^i) \cdot r_t^i + g_i(y_t) - g_i(\alpha_i)] + l_{sp}^i \cdot [-g_i'(I^i) \cdot r_s^i + g_i(y_s) - g_i(\alpha_i)]$$

$$+ \frac{\partial y_t}{\partial r_p^i} \cdot l_t^i \cdot [g_i'(y_t) - g_i'(I^i)] + \frac{\partial y_s}{\partial r_p^i} \cdot l_s^i \cdot [g_i'(y_s) - g_i'(I^i)] = 0 \tag{7.8}$$

根据 (7.7) 式，令 $I^i = y_t = y_s = \hat{I}^i$，则有：

$$[g_i(\hat{I}^i) - g_i(\alpha_i)] \cdot (l_{tp}^i + l_{sp}^i) = g_i'(\hat{I}^i) \cdot (r_t^i \cdot l_{tp}^i + r_s^i \cdot l_{sp}^i) \tag{7.9}$$

因为右边不为 0，所以 $\alpha_i \neq \hat{I}^i$，(7.9) 式两边都不为 0。分解 (7.9) 式，我们得到：

$$\frac{l_{tt}^i + l_{st}^i}{l_{ts}^i + l_{ss}^i} = \frac{r_t^i \cdot l_{tt}^i + r_s^i \cdot l_{st}^i}{r_t^i \cdot l_{ts}^i + r_s^i \cdot l_{ss}^i} \tag{7.10}$$

这就要求给予两类工人的转移支付相等：

$$r_s^i = r_t^i \tag{7.11}$$

由 (7.7) 式和 (7.11) 式可知，只有辖区内居民收入人人相等，且政府转移支付无差别，地区福利最大化目标下的收入再分配才能实现，显然，这与原假设（两类劳动力生产力不同，收入相异，接受转移支付的数额也不相等）矛盾。因此，地方财政履行着收入再分配职能，但无法完成保证再分配公平的使命。

（三）中央财政再分配与分权下财政再分配博弈纳什均衡

针对地方再分配低效的状况，我们假定中央财政对各地区实行差别性的转移支付政策，$\alpha_i = \alpha_i(r_t^i, r_s^i, r_s^j, r_t^j)(i=1, 2)$，并且 α_i

连续可导。假定 $\bar{\alpha}_i$ 为地区 i 的平均收入（人均产出），那么，根据 Wagener(2000)的研究，$\bar{\alpha}_i$ 是功利主义政府再分配纳什均衡的解。最大化 $\overline{W}_i(\cdot)$，我们得到：

$$\frac{\partial W^i}{\partial r_p^i} = \frac{\partial l_t^i}{\partial r_p^i} \cdot \{-g_i'(I^i) \cdot r_t^i + [g_i(y_t) - g_i(\bar{\alpha}_i)]\} + \frac{\partial l_s^i}{\partial r_p^i} \cdot \{-g_i'(I^i) \cdot r_s^i + [g_i(y_s) - g_i(\bar{\alpha}_i)]\} + \frac{\partial y_t}{\partial r_p^i} \cdot l_t^i \cdot [g_i'(y_t) - g_i'(I^i)] + \frac{\partial y_s}{\partial r_p^i} \cdot l_s^i \cdot [g_i'(y_s) - g_i'(I^i)]$$

$$-g_i'(\bar{\alpha}_i) \cdot \left[\frac{\partial l_s^i}{\partial r_p^i} \cdot (f_s^i - \bar{\alpha}_i) + \frac{\partial l_t^i}{\partial r_p^i} \cdot (f_t^i - \bar{\alpha}_i)\right] = 0$$

(7.12)

当所有净收入等于 $\bar{\alpha}_i(\cdot) = I^i = f_p^i(\cdot) + r_p^i$ 时，(7.12)式成立。由于函数 g_i 为严格凹的，当且仅当 $I^i = y_s = y_t$ 时，$\overline{W}^i$ 最大。这是收入全等的情形，一旦达到此情形，没有政府愿意违背它。因此，如果 $W^i(\cdot) = \overline{W}^i(\cdot)$，那么，分权下财政再分配博弈纳什均衡在所有收入相等的情况下达到。

综上，我们得到理论假说：平抑收入不平等的职责由地方财政再分配和中央财政再分配共同承担，地方财政可以运用税收与转移支付双重工具，但由于移民导致的外部性，地方财政再分配力度往往不足，于是，中央财政转移支付再分配予以弥补，从而使居民收入趋于平等。

三、实证分析

鉴于中国1994年分税制改革形成的财政体系为多层系统，我们拟采用多层线性模型(Multilevel Linear Model)对理论假说进行实证分析。

基于理论假说和中国分税制财政分权体系特征，我们选取两层变量：

地方层面的财政经济变量。①因变量为基尼系数(Gini)。基尼系数特别是利用分组数据计算的基尼系数是常用的比较简单的用来衡量收入分配不平等的指标，一般来说，基尼系数越大，说明收入分配越不平等。根据胡祖光（2004）的研究，我们采用基尼系数的简易计算公式：P_5-P_1，即基尼系数等于《中国统计年鉴》家庭抽样调查五分法数据中的收入最高的 20% 的人群的收入百分比与收入最低的 20% 的人群的收入百分比之差。②自变量：一是个人所得税税负（Tax）。我们以各省级个人所得税除以 GDP 表示。二是转移支付率（Tranloc）。我们以各省级社会保障支出与救助支出之和除以 GDP 表示。这两个变量为弥补市场失灵的财政再分配政策指标，从理论上看它们对收入不平等应该具有抑制作用。③控制变量：一是收入（Inc）。我们以各省级人均 GDP 表示。二是人口流动率（Flu）。这里为统计年鉴中的调查数据，我们以省级本地户口居住人数除以总居住人数表示。从理论上看，人口流动率对收入不平等应该具有抑制作用。

中央层面的变量为中央财政转移支付（Trancen）。我们以 1997—2007 年中央财政给予各省的转移支付总额与这 11 年中央转移支付总额之比表示。它显示中央财政对地方财政的支持力度，表示中央对地方收入不平等的干预力度。

鉴于中国财政分权体系在 1994 年开始构建，我们滞后三年，将样本期的起点确定为 1997 年。我们的样本为 1997—2007 年中国内地 30 个省级数据（西藏除外）。所有数据均来自历年《中国统计年鉴》。我们构建的多层线性模型是：

地方层面：
$$\text{Gini} = \beta_0 + \beta_1(\text{Tax}) + \beta_2(\text{Tranloc}) + \beta_3(\text{Inc}) + \beta_4(\text{Flu}) + \varepsilon \quad (7.13)$$

中央层面：
$$\beta_0 = \gamma_{00} + \mu_0 \quad (7.14)$$
$$\beta_1 = \gamma_{10} + \mu_1 \quad (7.15)$$
$$\beta_2 = \gamma_{20} + \gamma_{21}(\text{Trancen}) + \mu_2 \quad (7.16)$$
$$\beta_3 = \gamma_{30} + \mu_3 \quad (7.17)$$
$$\beta_4 = \gamma_{40} + \mu_4 \quad (7.18)$$

我们使用的分析软件是 HLM5.04。考虑到软件遇到小于 1 的数据时均取 0，我们将小于 1 的样本数据均扩大 10 000 倍，数据调整不影响结论。另外,我们在软件分析过程中使用 listwise 剔除了问题数据。分析结果见表 7.1。

表 7.1　多级财政再分配效果:多层线性模型分析(因变量:Gini)

	模型 1		模型 2		模型 3	
	系数	标准差	系数	标准差	系数	标准差
固定效应						
常数项	279.36***	3.60	279.36***	3.60	279.36***	3.60
地方层面						
Tax			-0.08*	0.04	-0.10*	0.04
Tranloc			0.08***	0.01	0.12***	0.02
Inc			0.004***	0.000	0.005***	0.000
Flu			-0.28***	0.06	-0.28***	0.06
中央层面						
Trancen					-0.000 1	0.000 0
随机效应						
地方层面	1 472.46***	38.37	806.83***	28.87	808.53***	28.90
中央层面	269.54***	16.41	331.07***	18.13	330.56***	18.13
ICC×100	15.45		29.11		28.99	
-2log likelihood	1 634.32		1 623.45		1 612.12	

注:*、**和***分别表示 10%、5% 和 1% 的显著性。

在表 7.1 中,模型 1 为零模型(the null model),模型 2 为不包括中央层面变量的完整模型(the full model),模型 3 包括中央层面变量。从模型 1 的 ICC 可知,在影响基尼系数的总体变异中,中央财政转移支付的差异占比为 15.45%,说明多层模型估计比普通 OLS 估计更加精确、稳健。从地方层面看,地方财政的转移支付与基尼系数显著正相关,说明地方财政转移支付不仅没能缩小收入不平等,相反是扩大了不平等,这与刘穷志(2007)的结论一致,即政府公共服务主要归宿于富人；个人所得税在一定程度上抑制了收入不平等，但不十分显著。从中央政府层面看，中央政府转移支付与基尼系数负相关，说明中央政府转移支付弥补了地方转移支付的功能缺陷，但效果并不显著。

多层数据是传统回归模型无法用以进行计量分析的，多层模型对于多层数据的回归分析与传统回归模型相比具有显然的优势：①多层模型由个体水平模型和组水平模型共同组成，单一水平回归模型忽略了数据的多水平结构，因而忽略了影响该水平结局的另一水平特征的潜在重要性。②在多层数据中，同一组内的个体与其他组内的个体相比有更大的相似性，各组内的观察对象是非独立的，存在组内相关系数即 ICC（Intra-class correlation coeffficienct），因而模型违反了传统回归模型的基本假设，其模型参数标准误估计会产生偏倚（bias），导致统计检验的第Ⅰ类错误（Type Ⅰ error），因而可能错误地拒绝显著性检验的真假设（Snijders 和 Bosker，1999），一个很小的 ICC 也会产生较大的第Ⅰ类错误（Hox，2002）。③两个不同水平模型的分析结果表明，二模型不仅效应的量不同，有时甚至符号也相反。在组水平上的效应通常不支持个体水平上的效应，反之亦然。这种现象称为聚集性偏倚（aggregation bias）或者 Robinson 效应（Robinson，1950）。④多层数据中个体水平的自变量与因变量之间的关系可能随组群不同而不同，即自变量与因变量之间存在异质性。传统回归模型使用固定效应回归模型分析微观水平的关系异质性，并将宏观水平变量的测量值分解且分配到微观水平上。但是，这里存在一个严重的问题，即它将数据中的观察看做相互独立，这将导致模型参数标准误估计出现偏倚。通常情况下，两步法模型（two-stage model）用以处理这类异质性问题，但其具有局限性：①在第一步和第二步分别应用 OLS 进行模型估计，存在技术错误（De Leeuw 和 Kreft，1986）。②该方法将每个组看做互不相干，忽略了这些组是从一个大的总体中抽取出来的。传统分析方法在分析多层数据时所遇到的问题可通过多层统计模型得到解决。①由于多层模型可对个体水平和组水平的数据同时进行分析，在一个模型中同时检验个体变量和组变量的效应，因而避免了 Robinson 效应。

②多层模型分析不需要假设数据中的观察相互独立,因而可以修正因观察数据的非独立性引起的参数标准误估计偏倚。③多层模型不仅能够了解个体水平和组群水平变量对结局测量的效应以及组群变量对结局测量的调节,还提供了研究结局变量在不同水平上变异的机会,将结局测量的变异分解为组内变异(within-group variance)和组间变异(between-group variance)。由此可见,我们的分析过程是稳健的,分析结论是可信的。

尽管多层数据模型具有传统回归模型所不具备的优点,但它也存在局限性,主要不足有:①由于要在微观水平和宏观水平同时分析结局测量变异,多层模型较普通模型复杂,样本量要求较大,模型参数量较大,不能简约(parsimonious)。②假定多层数据是完全嵌套的(completely nested),即每一个较低层的单位嵌套于、并且只能嵌套于一个较高一层的单位。③组群数量相对较少,组水平的残差可能呈非正态分布,因而模型的参数估计可能出现偏倚。表7.1中的多层变量是假定为完全嵌套的,但中央财政对各省的转移支付显然具有外部性,完全嵌套假定显然是难以满足的。不过,在现实中,考虑到外部性可以相互抵消一部分和(省级)辖区的相对闭合性,我们姑且看做完全嵌套。但是,中央层面的样本过小(30个样本),违背了组水平样本足够大的假设,地方层面的参数估计可能受影响较小,但中央水平的参数估计标准误及方差成分估计却易于产生偏倚(Hox,2002)。

bootstrap 多层模型(bootstrap multilevel modeling)是处理多层数据中组群单位数较少引起的模型估计问题的有效方法,它能够校正参数估计偏倚,提高统计推论的准确性(Maas 和 Hox,2004)。多层 bootstrap 模型有三种形式:个案重复抽样 bootstrap 法(case-resampling bootstrap)、参数残差 bootstrap 法(parametric residual bootstrap)和非参数残差 bootstrap 法(nonparametric residual bootstrap)。对多层数据采用个案重复抽样 bootstrap 法,每个重复样本都将会有不同的设计矩阵(design matrices),设计矩阵的变异可能会引起信息变异,而参数残差 bootstrap 法忽略了残差的非正态分布,因此,非参数残差 bootstrap 法最优(Carpenter,Goldstein 和

Rasbash,2003)。Bootstrap 多层模型分析技术已经非常完善,但是,该模型的计算机软件尚且缺乏。Wang,Carpenter 和 Kepler(2006)编制了适用于非参数残差 bootstrap 法的多层模型分析的 SAS 程序,借助该程序,我们重新进行多层分析,结果见表 7.2。

表 7.2 多级财政再分配效果:非参数残差 bootstrap 多层模型分析
(因变量:Gini)

	模型 1		模型 2		模型 3	
	系数	标准差	系数	标准差	系数	标准差
固定效应						
常数项	293.76***	3.57	293.76***	3.57	293.76***	3.57
地方层面						
Tax			-0.07*	0.03	-0.09*	0.03
Tranloc			0.07***	0.01	0.11***	0.02
Inc			0.003***	0.000	0.004***	0.000
Flu			-0.27***	0.07	-0.27***	0.07
中央层面						
Trancen					-0.000 09	0.000 03
随机效应						
地方层面	1 643.97***	45.76	863.98***	32.41	871.60***	33.34
中央层面	278.65***	19.43	353.67***	21.57	349.32***	20.54
ICC×100	14.47		29.03		28.60	
-2log likelihood	1 676.76		1 662.56		1 652.73	

注:*、**和***分别表示 10%、5% 和 1% 的显著性。本表采用以 500 个重复样本为基础的非参数残差 bootstrap 多层模型。

从表 7.2 可知,固定效应结果基本没有变化,随机效应方差估计值及其标准差都略有增大,不过,基本结论不变,表 7.1 的结论是稳健可靠的。

四、结　　语

在前人研究的基础上，本章构建了人口不完全流动条件下多级财政再分配职能分解的理论模型。模型显示，地方财政既可运用征税工具，也可以运用转移支付手段，对收入不平等进行干预，但是由于存在外部性，地方财政再分配力度往往不足。为此，中央财政再分配予以弥补。两级再分配同时发挥着减少收入不平等的职能，并相互协调。

通过构建多层线性模型以及非参数残差 bootstrap 多层模型，我们分解了中央财政与地方财政再分配职能。随机效应的方差表明，地方财政对收入不平等承担主要责任，地方财政再分配功能解释了收入不平等的70%多，中央财政再分配对收入不平等的解释力不到30%。我们还发现，地方财政中的个人所得税在一定程度上平抑了收入不平等，但是不十分显著，而地方的转移支付不仅没能平抑收入不平等，反而扩大了收入不平等；中央财政转移支付弥补了地方转移支付的功能缺陷，平抑了收入不平等，但是效果并不明显。实证结果验证了理论假说，并进一步明确了地方财政在平抑收入不平等中承担主要责任。

为此，我们提出以下政策建议：

（1）确立地方财政再分配在平抑收入不平等中的主体地位，加强个人所得税的征收，对贫困人口给予更多的转移支付，相对减少对富裕人口的转移支付。在所得税方面，王小鲁（2007）发现，2005年全国城镇居民隐性收入总计约4.8万亿元，相当于当年 GDP 的26%，这些灰色收入主要来源于财政资金和其他公共资金的漏失、金融腐败、行政许可和审批中的寻租行为、土地收益流失以及垄断行业收入。这些收入脱离了所得税征收范围，游离于监管之外。必须加强个人所得税的征收，以使个人所得税对收入不平等的调节作用显著。在转移支付方面，由于现有社保制度不够完善，二次分配领域甚至出现"逆向调节"现象。在城镇就业人员中，养老、医疗保险参保率目前仅为62%和60%，农民工的参保水平更低。必须使转移支付更多地归宿于穷人，彻底扭转转移支付加剧收入不平等的局面。

（2）以中央政府再分配为补充，加大对贫困地区的转移支付，使其对于收入不平等的抑制具有显著效果。我国分税制改革初期中央财政"税收返还转移支付为主，专项转移支付为辅"的财政转移支付结构正在发生变化，以一般性转移支付为代表的财力性转移支付和专项转移支付的相对规模快速增长，而税收返还转移支付相对规模急剧下降（孙开，2009）。但是，与西方国家中央转移支付占中央财政总支出的高位比例相比，我国中央财政转移支付力度显得不够。

参考文献

[1] 张晏，龚六堂. 地区差距、要素流动与财政分权[J]. 经济研究，2004（7）.

[2] 胡祖光. 基尼系数的理论最佳值和简易计算公式[J]. 经济研究，2004（9）.

[3] 刘穷志. 公共支出归宿：中国政府公共服务落实到贫困人口手中了吗[J]. 管理世界，2007（4）.

[4] 阎坤，陈昌盛. 财政分权中的再分配问题[J]. 财贸经济，2001（8）.

[5] 孙开. 财政转移支付手段整合与分配方式优化研究[J]. 财贸经济，2009（7）.

[6] 王小鲁. 灰色收入与贫富差距：一份研究报告的出台[N]. 经济观察报，2007-06-11.

[7] C. Blackorby, W. Bossert and D. Donaldson. Intertemporal Population Ethics: Critical-level Utilitarian Principles [J]. *Econometrica*, 1995, 63: 1303-1320.

[8] R. Boadway. On the Method of Taxation and the Provision of Local Public Goods: Comment [J]. *American Economic Review*, 1982, 74: 846-851.

[9] J. M. Carpenter H. Goldstein and J. Rasbash. A Novel Bootstrap

Procedure For Assessing the Relationship Between Class Size and Achievement[J]. *Applied Statistics*, 2003, 52: 431-443.

[10] J. De Leeuw, I. G. G. Kreft. Random Coefficient Models for Multilevel Analysis[J]. *Journal of Educational Statistics*, 1986, 11: 57-85.

[11] D. Epple, T. Romer. Mobility and Redistribution[J]. *Journal of Political Economy*, 1991, 99(4): 828-856.

[12] G. Facchini. C. Testa. Fiscal Decentralization, Regional Inequality and Bail-outs: Lessons from Brazil's Debt Crisis [J]. *The Quarterly Review of Economics and Finance*, 2008, 48: 333-344.

[13] J. J. Hox. *Multilevel Analysis, Techniques and Methods* [M]. Mahwah, NJ: Lawrence Erlbaum Associates, 2002.

[14] A. Mansoorian, G. M. Myers. Attachment to Home and Efficient Purchases of Population in a Fiscal Externality Economy [J]. *Journal of Public Economics*, 1993, 52: 117-132.

[15] C. J. M. Maas, J. J. Hox. Robustness Issues in Multilevel Regression Analysis [J]. *Statistica Neerlandica*, 2004, 58: 127-137.

[16] R. A. Musgrave. *The Theory of Public Finance* [M]. New York: McGraw Hill, 1959.

[17] W. E. Oates. *Fiscal Federalism* [M]. New York: Hercourt Brace Jovanovich, 1972.

[18] A. Wagener. Variable Population Size Issues in Models of Decentralized Income Redistribution [J]. *Regional Science and Urban Economics*, 2000, 30: 609-625.

[19] J. Wang J. R. Carpenter and M. A. Kepler. Using SAS to Conduct Nonparametric Residual Bootstrap Multilevel Modeling With a Small Number of Groups[J]. *Computer Methods and Programs in Biomedicine*, Section II: Systems and Programs, 2006, 82: 130-143.

[20] D. E. Wildasin. Income Redistribution in a Common Labor Market

[J]. *American Economic Review*, 1991, 81: 757-774.
[21] D. Wellisch. *Theory of Public Finance in A Federal State*[M]. Cambridge University Press, 2000.
[22] W. S. Robinson. Ecological Correlation and the Behavior of Individuals[J]. *Sociological Review*, 1950, 15: 351-357.
[23] M. Sato, S. Yamashige. Decentralization and Economic Development: an Evolutionary Approach[J]. *Journal of Public Economic Theory*, 2005, 7(3): 497-520.
[24] R. Shankar, A. Shar. Bridging the Economic Divide Within Countries: A Scorecard on the Performance of Regional Policies In Reducing Regional Income Disparities[J]. *World Development*, 2003, 31(8): 1421-1441.
[25] T. A. B. Snijders, B. Bosker. *Multilevel Analysis: An Introduction to Basic and Advanced Multilevel Model*[M]. Thousand Oaks, CA: Sage Publication, 1999.

后　　记

　　本书是国家自然科学基金项目"居民收入不平等与财政归宿效应：评估技术及应用"（批准号：70973091）的研究成果。

　　项目由武汉大学经济与管理学院刘穷志教授主持，武汉大学政治与公共管理学院申建林教授、武汉大学经济与管理学院张宏翔副教授和龚锋副教授以及刘穷志的博士生和硕士生参与，历时三年，分工合作，共同完成。

　　在研究的开始阶段，我们进行了框架设计、文献整理与方法准备，确定了指标体系并进行数据的调研与搜集整理。在研究的中期阶段，我们对理论模型进行设计、修改与完善，在实验室对数据进行分析与处理；召开了学术会议，吸纳研究建议；参加了多个国际学术会议，提交与报告了研究论文。在研究后期阶段，我们再次召开学术研讨会，聆听专家意见，完善研究成果。我们发表了多篇高质量的论文，并提交了多篇研究报告，从而基本完成了课题申报时设计的目标。

　　项目的申报与完成得益于北京大学光华管理学院龚六堂教授的指导与帮助，得益于北京师范大学经济与工商管理学院尹恒教授的指导与帮助，在此深表感谢！

　　我还要感谢武汉大学经济与管理学院财政税务系的同行吴俊培教授、卢洪友教授和王德祥教授，他们的财政思想启发了我们的研究思路！

　　本书的出版得到了武汉大学经济与管理学院陈继勇院长和叶永刚副院长的支持，在此深表感谢！

　　感谢我的妻子胡贵先女士，家务重担主要由她承担，她在我工作与生活极度困难的时候给了我心理上的理解、支持与鼓励！在这里，我还要表达对我女儿的愧疚，爸爸一直忙于学术研究，几乎没有照顾到你！

最后，我要感谢年轻时养育我的亲人们！我仍然怀着沉痛的心情，感谢我已去世的父亲，是他给了我无穷的力量和不屈的性格；还要感谢我早年去世的妹妹，是她将上学的机会让给了我，并为此付出了年轻的生命；仍然怀着无比思念的心情，感谢我远在乡村的年迈的母亲，是她给了我生命，我愿以我全身心的工作来回报她的养育之恩！

刘穷志

2012 年 10 月于武昌珞珈山